ACCESO GRATIS ***a la Lectura en la Nube***

Para visualizar el libro electrónico en la nube de lecture envíe junto a su nombre y apellidos una fotografía del código de barras situado en la contraportada del libro y otra del ticket de compra a la dirección:

ebooktirant@tirant.com

En un máximo de 72 horas laborales le enviaremos el código de acceso con sus instrucciones.

DIVORCIO ANTE NOTARIO

DIVORCIO ANTE NOTARIO

CARLOS CORREA ROJO

tirant lo blanch
Ciudad de México, 2024

© TIRANT LO BLANCH
DISTRIBUYE: TIRANT LO BLANCH MÉXICO
Av. Tamaulipas 150, Oficina 502
Hipódromo, Cuauhtémoc
06100 Ciudad de México
Telf.: +52 1 55 65502317
infomex@tirant.com
Email: tlb@tirant.com
www.tirant.com/mex/
www.tirant.es
ISBN: 978-84-1071-982-8
ISBN Colegio de Notarios de la Ciudad de México: 978-607-7873-63-1
MAQUETA: Innovatext

Si tiene alguna queja o sugerencia, envíenos un mail a: *atencioncliente@tirant.com*. En caso de no ser atendida su sugerencia, por favor, lea en *www.tirant.net/index.php/empresa/politicas-de-empresa* nuestro Procedimiento de quejas.

Responsabilidad Social Corporativa: *http://www.tirant.net/Docs/RSCTirant.pdf*

Índice

ADVERTENCIA 9
INTRODUCCIÓN 11

Capítulo Primero
VOLUNTAD

CONCEPTOS DE VOLUNTAD 13

Capítulo segundo
DIVORCIO

2.1. CÓDIGO CIVIL PARA EL GOBIERNO INTERIOR DEL ESTADO DE LOS ZACATECAS (1829) 19
2.2. CIRCULAR DEL MINISTERIO DE JUSTICIA 20
2.3. LEY DE MATRIMONIO CIVIL 20
2.4. PROYECTO DE CÓDIGO CIVIL MEXICANO DEL DR. DON JUSTO SIERRA 21
2.5. LEY SOBRE EL REGISTRO DEL ESTADO CIVIL EN EL IMPERIO 1864-1867 22
2.6. CÓDIGO CIVIL PARA EL DISTRITO FEDERAL Y TERRITORIO DE LA BAJA CALIFORNIA. DICIEMBRE 1870, EN VIGOR MARZO 1871 22
2.7. CÓDIGO CIVIL DEL DISTRITO FEDERAL Y TERRITORIOS DE TEPIC Y BAJA CALIFORNIA PROMULGADO EN 31 DE MARZO DE 1884 23
2.8. LEY SOBRE EL DIVORCIO EXPEDIDA POR DON VENUSTIANO CARRANZA EL 29 DE DICIEMBRE DE 1914 23
2.9. LEY SOBRE RELACIONES FAMILIARES 1917 27
2.10. CÓDIGO CIVIL PARA EL DISTRITO FEDERAL 1928 28

Capítulo tercero
EL DIVORCIO EN EL CÓDIGO CIVIL PARA EL DISTRITO FEDERAL. APLICABLE EN LACIUDAD DE MÉXICO

3.1. CÓDIGO CIVIL DE 1928. 31
3.2. SÍNTESIS DE LAS REFORMAS, ADICIONES Y DEROGACIONES DEL ARTICULADO DEL CÓDIGO CIVIL, RELATIVAS AL DIVORCIO SEGÚN EL AÑO EN QUE SE PRODUJERON. ARTÍCULOS 266 AL 291 39

3.3. PROPUESTA DE REFORMA DEL ARTÍCULO 273 Y ADICIÓN DEL ARTÍCULO 291 BIS PARA LA ARMONIZACIÓN LEGISLATIVA 40

Capítulo cuarto
JURISDICCIÓN VOLUNTARIA

4.1. JURISDICCIÓN VOLUNTARIA 43
4.2. JURISDICCIÓN VOLUNTARIA. DR. MANUEL BORJA SORIANO 43
4.3. CONCEPTOS DE JURISDICCIÓN VOLUNTARIA POR AUTORES DIVERSOS 45
4.4. JURISDICCIÓN VOLUNTARIA EN DIFERENTES DISPOSICIONES NOTARIALES 49

Capítulo quinto
CÓDIGO DE PROCEDIMIENTOS CIVILES PARA EL DISTRITO FEDERAL

5.1. CÓDIGO DE PROCEDIMIENTOS CIVILES PARA EL DISTRITO FEDERAL 57
5.2. ARMONIZACIÓN LEGISLATIVA DEL TÍTULO DEL DIVORCIO BILATERAL 59

Capítulo sexto
REGLAMENTO DEL REGISTRO CIVIL DEL DISTRITO FEDERAL, HOY CIUDAD DE MÉXICO

6.1. DEFINICIÓN DE REGLAMENTO EN EL DICCIONARIO JURÍDICO MEXICANO 64
6.2. REGLAMENTO DEL REGISTRO CIVIL DEL DISTRITO FEDERAL, HOY CIUDAD DE MÉXICO 64
6.2.1. Reglamento de 1987 64
6.2.2. Reglamento publicado en la Gaceta Oficial del Distrito Federal, el 30 de julio de 2002 65
6.3. ADICIÓN DEL ARTÍCULO 79 BIS Y REFORMA DEL ARTÍCULO 103 67

Capítulo séptimo
LEY DEL NOTARIADO PARA LA CIUDAD DE MÉXICO

7.1. LEY DEL NOTARIADO PARA LA CIUDAD DE MÉXICO. 69
7.2. PROPUESTA DE REFORMAS Y ADICIONES DE LA LEY DEL NOTARIADO PARA LA CIUDAD DE MÉXICO 2018 73

BIBLIOGRAFÍA 79

ADVERTENCIA

El presente trabajo es el resultado de la investigación para obtener el grado de especialista en Medios Alternos de Solución de Conflictos, el que cursé en la Facultad de Derecho de la UNAM.

El doctor Jorge Fernández Ruiz fue mi revisor, y en charlas que tuvimos con respecto a este trabajo me sugirió, como un ejemplo claro de solución de conflictos, que el notario puede intervenir como mediador en un divorcio administrativo, enmarcado en la institución de *jurisdicción voluntaria*.

Cumplido el propósito académico, mi maestro, don Jorge Fernández Ruiz, igualmente me sugirió que el trabajo fuese publicado. Lo entregué para su edición a la casa editora, y antes de concluir el proceso se publicó el Código Nacional de Procedimientos Civiles y Familiares (CNPCyF), en el Diario Oficial de la Federación (DOF), el miércoles 7 de junio de 2023. A partir de esa fecha regula el divorcio y lo denomina *divorcio bilateral* (libro cuarto, capítulo II, de los artículos 654 al 662), razón por lo que la propuesta del divorcio administrativo ante el notario se vio superada, ya que ante él, en términos del CNPCyF, se puede celebrar el divorcio bilateral.

Como consecuencia, decidimos dividir el tema original en dos: "El notario como mediador" y el "Divorcio ante notario", el que presentamos a su consideración con las sugerencias de proponer la armonización de los temas en diferentes ordenamientos jurídicos, pero principalmente en la Ley del Notariado para la Ciudad de México.

Ambas instituciones tienen en común, entre otros, la jurisdicción voluntaria y la voluntad, razón por la que en ambos trabajos hemos utilizado textos y bibliografía en común, por lo que apreciamos su comprensión.

En nuestras propuestas nos referimos en común a la mediación y al divorcio, ambos ante notario, con la única intención de armonizar, sobre todo, la ley notarial.

Con mis atentas consideraciones.

Carlos Correa Rojo

INTRODUCCIÓN

Uno de los propósitos de este trabajo es recordar la evolución del notariado en temas que tradicionalmente eran abordados por los tribunales, y que nuestras disposiciones legales se han adecuado para que el notario sea un auxiliar en la administración de justicia. Abordaremos instituciones como la voluntad, jurisdicción voluntaria, divorcio y, desde luego, la legislación notarial.

Ahora, el Código Nacional de Procedimientos Civiles y Familiares (CNPCyF), publicado en el Diario Oficial de la Federación (DOF), el miércoles 7 de junio de 2023, regula el divorcio y lo denomina *divorcio bilateral* (libro cuarto, capítulo II, de los artículos 654 al 662).

Por su parte, el artículo 661 regula el divorcio ante notario y establece:

> Artículo 661. El Divorcio Bilateral podrá tramitarse ante Notaria o Notario público, siempre y cuando no se hayan procreado hijas o hijos, o que aun sean menores de edad y no existan bienes o deudas atribuibles al patrimonio conyugal, o el Código Civil o leyes de cada Entidad Federativa así lo dispongan.

En el capítulo respectivo se dice que será competente para tramitar la disolución del vínculo matrimonial, la autoridad jurisdiccional (artículo 654), acompañando a la solicitud, la documentación que el propio artículo refiere.

Como ya se mencionó, el artículo 661 señala que es optativo el trámite ante el notario, siempre que no haya hijas o hijos menores de edad y no existan bienes o deudas atribuibles al patrimonio conyugal.

El artículo 657, establece que presentada la solicitud se citará a los cónyuges, dentro de los 10 días siguientes, a una única audiencia, que en caso notarial se deberá asentar en el protocolo, el acta que se levante ("dictará") y de acuerdo con la ratificación y la voluntad de los cónyuges, en ese momento se declarará la disolución del vínculo matrimonial, por lo que consideramos que serán aplicables, de manera parcial, los artículos 654 y 657, respecto de la solicitud y copia certificada del acta de matrimonio y la comparecencia para la ratificación de consumar la disolución del vínculo matrimonial y la declaración respectiva.

Debemos recordar los artículos transitorios del CNPCyF, especialmente el segundo párrafo del artículo 2° y el último párrafo del 7° transitorio, respectivamente.

> ***Artículo segundo.*** **[...]**
>
> **En el caso de las Entidades Federativas, el presente Código Nacional, entrará en vigor en cada una de éstas de conformidad con la Declaratoria que al efecto emita el Congreso Local, previa solicitud del Poder Judicial del Estado correspondiente, sin que la misma pueda exceder del 1° de abril de 2027.**
>
> [...]
>
> La Comisión [se refiere a la de Coordinación del Sistema de Justicia] tendrá por objeto analizar y acordar las políticas de coordinación necesarias para la instrumentación del Código Nacional de Procedimientos Civiles y Familiares, así como la armonización legislativa que apareja, en todo el territorio nacional. [...]

Desde luego, un objetivo importante es proponer las reformas y adiciones en la armonización legislativa para establecer e incorporar en la Ley del Notariado para la Ciudad de México, el divorcio bilateral.

Capítulo Primero
VOLUNTAD

La voluntad expresa la manifestación del consentimiento de las partes para resolver frente a otra u otras personas el asunto de que se trata.

CONCEPTOS DE VOLUNTAD

La Real Academia Española define la voluntad como:

1. Facultad de decidir y ordenar la propia conducta.
2. Acto con que la potencia volitiva admite o rehúye una cosa, queriéndola, o aborreciéndola y repugnándola.
3. Libre albedrío o libre determinación.
4. Elección de algo sin precepto o impulso externo que a ello obligue.
5. Intención, ánimo o resolución de hacer algo.

[...]

10. Consentimiento, asentimiento, aquiescencia.

La voluntad en el procedimiento de la disolución del vínculo matrimonial es un elemento indispensable.

León Duguit nos dice que la voluntad es el derecho de querer jurídicamente; el derecho de poder, por un acto de voluntad y bajo ciertas condiciones, crear una situación jurídica; asimismo, que en el ámbito jurídico es la potestad que tiene toda persona con plena capacidad de ejercicio para regular sus derechos y obligaciones mediante el ejercicio de su libre albedrío, cuyos efectos jurídicos serán sancionados por el derecho.[1]

---

1 León Duguit, *Las transformaciones generales del derecho privado desde el Código de Napoleón* (México: Ediciones Coyoacán, 2007), 36.

Esta voluntad se ve materializada en la solicitud de la disolución del vínculo matrimonial, hecha al notario.

El artículo 12 de la Ley del Notariado,[2] dice que el notario está obligado a prestar sus servicios profesionales cuando sea requerido para ello, entre otros, por particulares. El artículo 14 del ordenamiento citado dice que el notario deberá proceder conforme a los principios jurídicos y deontológicos de su oficio profesional; por consiguiente, no podrá tratar a una parte como su cliente y a la otra no, sino que la consideración será personal y profesionalmente competente por igual desde la buena fe y la asesoría imparcial a cada parte o persona que solicite sus servicios.

El Diccionario de la Lengua Española nos describe la voluntad como la facultad de decidir y ordenar la propia conducta. Guillermo Federico Hegel, en su obra *Filosofía del derecho,* nos ofrece una idea más profunda sobre la voluntad; al respecto dice:

> El campo del Derecho es, en general, la espiritualidad y su próximo lugar y punto de partida es la voluntad, que es libre, de suerte que la libertad constituye su substancia y su determinación; y el sistema del Derecho es el reino de la libertad realizada, el mundo del Espíritu, expresado por sí mismo, como en una segunda naturaleza.[3]

En esta cita, señala que la libertad es la sustancia de la voluntad, siendo un punto de partida para el Derecho.

La Ley del Notariado de 2018, en su artículo 44, define al notario; dice que este debe recibir, interpretar, redactar y sustentar de forma legal la voluntad de las personas que ante él acuden.

Hegel continúa disertando sobre la voluntad:

---

2 Ley del Notariado para la Ciudad de México, publicada en la Gaceta Oficial de la Ciudad de México, el 11 de junio de 2018, reformada el 8 de junio de 2020 y el 4 de agosto de 2021, a la fecha de este trabajo.

3 Guillermo Federico Hegel, *Filosofía del derecho*, 5.a ed. (Buenos Aires: Editorial Claridad, 1968), 46.

> La voluntad reside simplemente en sí misma, sólo en esta libertad, porque ella no se refiere a ninguna otra cosa, sino a sí misma; del mismo modo que desaparece, por consiguiente, toda relación de dependencia de cualquier otra cosa. La voluntad es verdadera, o más bien, es la verdad misma, porque su determinación consiste en el ser, en su existencia, esto es, frente a sí misma [...] [4]

Nuevamente nos dice que la libertad es fuente de la voluntad. Consideramos, por esta razón, que el notario, siguiendo su naturaleza de escuchar e interpretar la voluntad de las partes, redacta y da forma legal a la propia voluntad en un instrumento público de su autoría.

La siguiente cita, también de Hegel, dice que la persona que ejerce su voluntad está en posesión de ella misma, sin duda:

> [...]
> Pero el aspecto por el cual Yo, como voluntad libre, estoy objetivamente en posesión de mí mismo y, de esa manera, positivamente con voluntad real, constituye aquí, lo verdadero y lo jurídico, la determinación de la propiedad.[5]

En los siguientes artículos de las leyes del notariado encontraremos lo que Hegel propone como "estoy objetivamente en posesión de mí mismo".

El sábado 23 de febrero de 1946, siendo presidente constitucional, Manuel Ávila Camacho, se publicó la Ley del Notariado para el Distrito Federal y Territorios, que en su artículo 75, dice: "ARTÍCULO 75.— Las escrituras, las actas y sus testimonios, mientras no fuere declarada legalmente su falsedad, probarán plenamente que los otorgantes manifestaron su voluntad de celebrar el acto consignado en la escritura; [...]".

Podemos inducir que ante el notario "los otorgantes" manifestaron su voluntad, sabemos que la ley del notariado más

---

4 Hegel, *Filosofía*, 59.
5 Hegel, *Filosofía*, 73.

adelante fue perfeccionando la actuación del notario con respecto a la voluntad.

En el artículo 102 de la Ley del Notariado para el Distrito Federal, publicada el 08 de enero de 1980, encontramos lo relativo a este concepto: "Artículo 102.— En tanto no se declare judicialmente la falsedad o nulidad de una escritura, las actas y testimonios serán prueba plena de que los otorgantes manifestaron su voluntad de celebrar el acto consignado en la escritura; [...]".

En este artículo, aclara que siempre que no exista falsedad, la voluntad expresada ante el fedatario se considerará como válida.

En la ley del notariado del 2000 encontramos en los artículos 42, 103, fracción XIV y 156, la referencia a la voluntad.

> Artículo 42.— Notario es el profesional del Derecho investido de fe pública por el Estado, y que tiene a su cargo recibir, interpretar, redactar y dar forma legal a la voluntad de las personas que ante él acuden, [...]

Vemos en este artículo que el legislador amplía las tareas del notario con respecto a la voluntad de las personas que acuden ante él.

> Artículo 103. El Notario redactará las escrituras en español, sin perjuicio de que pueda asentar palabras en otro idioma, que sean generalmente usadas como términos de ciencia o arte determinados, y observará las reglas siguientes:

[...]

XIV. Determinará las renuncias de derechos que los otorgantes hagan válidamente conforme a su voluntad manifestada o las consecuencias del acto, y de palabra, subrayando su existencia, explicará a los otorgantes el sentido y efectos jurídicos de las mismas; [...]

> Artículo 156.— En tanto no se declare judicialmente la falsedad o nulidad de un instrumento, registro, testimonio, copia certificada, copia certificada electrónica o certificación notariales, estos serán prueba plena de que los otorgantes manifes-

> taron su voluntad de celebrar el acto consignado en el instrumento de que se trate, [...]

Quisimos poner de manifiesto, por medio de las leyes, que el legislador reconoce la capacidad del notario de tratar con la voluntad de las personas que comparecen ante él.

Capítulo segundo
DIVORCIO

2.1. CÓDIGO CIVIL PARA EL GOBIERNO INTERIOR DEL ESTADO DE LOS ZACATECAS (1829)

Durante nuestra investigación encontramos algunas disposiciones referentes al tema de divorcio sin expresión de causa. Ahora nos referimos al Código Civil del Estado de Zacatecas, de 1829 (artículos 139 a 148).

En la *Revista Mexicana de Historia del Derecho,* editada por el Instituto de Investigaciones Jurídicas de la Universidad Nacional Autónoma de México, se publicó el código civil de Zacatecas, de 1829.[6]

Este ordenamiento establece, a propósito del divorcio, que los esposos pueden pedirlo por mutuo y libre consentimiento; para efectos de la admisión del trámite deben justificar haber hecho inventario formal de todos sus bienes, si el marido ha de dar o no alguna cantidad a su cónyuge para subsistencia, así como la administración de los bienes. El convenio que se celebre deberá otorgarse en escritura y el testimonio de la misma deberá insertarse en el acta de divorcio.

Por otra parte, el artículo 173 establece que a toda demanda de divorcio por causa determinada debe preceder la conciliación en que el juez conciliador, además de cumplir con lo que se prevenga en el código de procedimientos para su celebración, está obligado a hacer lo mismo que se previene respecto del juez de primera instancia en el artículo 145.

---

[6] José Enciso Conteras. "El proyecto de Código Civil presentado al segundo Congreso Constitucional del estado libre de Zacatecas, 1829", *Revista Mexicana de Historia del Derecho*, vol. XXIII, segunda época, Instituto de Investigaciones Jurídicas de la Universidad Nacional Autónoma de México (enero-junio de 2011): 227-238.

Como podemos apreciar, este código regula a un juez conciliador; los interesados debían asistir ante él quien, previo a la presentación de la demanda, buscaría conciliar los intereses de los cónyuges.

2.2. CIRCULAR DEL MINISTERIO DE JUSTICIA

La circular firmada por el licenciado Manuel Ruiz, ministro de Justicia e Instrucción Pública, acompaña a la Ley del Matrimonio Civil; fue publicada el 23 de julio de 1859, y en la misma se comenta el tema del divorcio.

Benito Juárez, presidente interino constitucional de la República, considera que con la Ley del Matrimonio Civil queda satisfecha una de las exigencias más apremiantes de la época, "y establecido el modo solemne de afianzar la legitimidad de la unión conyugal".[7]

Con relación al tema del divorcio, se dijo que el gobierno protegía la unión conyugal, y se prohibió, expresamente, la celebración de otro matrimonio mientras viviese alguno de los divorciados.

2.3. LEY DE MATRIMONIO CIVIL[8]

Esta ley se publicó por el ministro de Justicia e Instrucción Pública, el licenciado Manuel Ruiz, en Veracruz, el 23 de julio de 1859; fue emitida en el Palacio de Gobierno General por el presidente interino constitucional de la República, don Benito Juárez.

La ley permitió la separación temporal y en ningún caso dejó hábiles a las personas para contraer nuevo matrimonio mientras viviera alguno de los divorciados. Unas de las causas de divorcio eran la acusación de adulterio y el adulterio mismo,

---

7 Manuel Dublán y José María Lozano. *Legislación mexicana o colección completa de las disposiciones legislativas, expedidas desde la independencia de la República,* núm. 5056, T. VIII (México: Imprenta del Comercio de Dublán y Chávez a cargo de M. Lara, 1877), 688-690.

8 Dublán y Lozano, *Legislación mexicana,* núm. 5057, t. VIII, 691-695.

la inducción al crimen, la crueldad habida por el marido contra la mujer o viceversa, la enfermedad grave y contagiosa de alguno de los esposos, la demencia de alguno de ellos.

2.4. PROYECTO DE CÓDIGO CIVIL MEXICANO DEL DR. DON JUSTO SIERRA

Encontramos el proyecto de Código Civil Mexicano, elaborado por el doctor Justo Sierra, el cual señala en su articulado, respecto del convenio de divorcio que tenían que exhibir los interesados, que este debía otorgarse en escritura.

El código citado fue publicado en la revista y biblioteca quincenal de doctrina, jurisprudencia y ciencias sociales *La Ciencia Jurídica*.[9] Nos explica el autor que, durante la residencia en Veracruz del gobierno emanado de la Constitución de 1857, el presidente Juárez encargo al doctor Justo Sierra, padre, la formación de un proyecto de código civil.

El doctor Sierra se retiró al convento de la Mejorada, en Mérida, Yucatán, para iniciar sus trabajos, auxiliado por el joven estudiante Perfecto Solís. A poco tiempo de concluido su proyecto, el doctor Sierra falleció, y restituido el gobierno federal, sus escritos fueron remitidos al Congreso de la Unión.

Don Luis Méndez nos relata que en el mes de enero de 1862 lo convocó, junto con los licenciados José M. de Lacunza y Pedro Escudero, el ministro de Justicia, Jesús Terán, para formar una comisión y manifestar su opinión sobre el proyecto del doctor Sierra.

De dicho proyecto, entre otros artículos, se aprobó el 162, que en su parte conducente dice:

> [...] "Los esposos que pidan de conformidad la separación del lecho y habitación, acompañarán á su petición una escritura de

---

9 A. Verdugo. *Revisión del proyecto de Código Civil Mexicano del Dr. Don Justo Sierra, durante los años 1861 a 1866*, t. I (México: Talleres de la Librería Religiosa).

> arreglo del modo cómo han de quedar, durante el tiempo de la separación, los hijos y la administración de los bienes. Esta escritura podrá ser aprobada por el juez, ó reprobada si encuentra que viola los derechos actuales de los hijos. Igualmente sujetarán á la aprobación de éste el modo provisorio con que deben vivir, mientras se resuelva definitivamente sobre su pretensión".

Como podemos observar en este proyecto, que como sabemos, después fue aprovechado por Maximiliano, se reitera la exhibición de una escritura en la que se describe el convenio de las partes respecto de los hijos y los bienes habidos en el matrimonio.

2.5. LEY SOBRE EL REGISTRO DEL ESTADO CIVIL EN EL IMPERIO[10] 1864-1867

Durante el denominado Segundo Imperio, Maximiliano emitió, entre otros ordenamientos, la Ley sobre el Registro del Estado Civil en el Imperio, el 1° de noviembre de 1865.

En esta ley, el matrimonio es regulado de los artículos 20 al 24, y el divorcio en los artículos 37 al 44.

Con relación al divorcio, el artículo 37 de la ley señala que "El divorcio es temporal y en ningún caso deja hábiles a las personas para contraer nuevo matrimonio mientras viva alguno de los divorciados".

2.6. CÓDIGO CIVIL PARA EL DISTRITO FEDERAL Y TERRITORIO DE LA BAJA CALIFORNIA. DICIEMBRE 1870, EN VIGOR MARZO 1871

En este apartado nos referiremos al código de 1870.[11] El capítulo sobre el divorcio inicia en el artículo 239, pero el 248 es el que nos interesa, y dice:

---

[10] "La Ley sobre el Registro del Estado Civil en el Imperio", *Diario del Imperio* (18 diciembre 1865), 666-669.

[11] Carlos Correa Rojo, *Código Civil 1870*, ed. facsimilar (Ciudad de México: Notaria Pública 232, 2017).

> Artículo 248.— Los cónyuges que pidan de conformidad su separación de lecho y habitación, acompañarán á su demanda una escritura que arregle la situación de los hijos y la administración de los bienes durante el tiempo de la separación.

Como podemos apreciar, este código reitera que el convenio debe celebrarse en escritura y acompañarse de la demanda de divorcio.

2.7. CÓDIGO CIVIL DEL DISTRITO FEDERAL Y TERRITORIOS DE TEPIC Y BAJA CALIFORNIA PROMULGADO EN 31 DE MARZO DE 1884

Del citado código transcribimos los artículos 231 y 232:

> Art. 231. Cuando ambos consortes convengan en divorciarse, en cuanto al lecho y habitación, no podrán verificarlo sino ocurriendo por escrito al juez y en los términos que expresan los artículos siguientes; en caso contrario, aunque vivan separados se tendrán como unidos para todos los efectos legales del matrimonio.
>
> Art. 232. Los cónyuges que pidan de conformidad su separación de lecho y habitación acompañarán á su demanda un convenio que arregle la situación de los hijos y la administración de los bienes durante el tiempo de la separación.

Como podemos apreciar cuando se refiere al convenio, se elimina el requisito que éste debe ser en escritura pública.

2.8. LEY SOBRE EL DIVORCIO EXPEDIDA POR DON VENUSTIANO CARRANZA EL 29 DE DICIEMBRE DE 1914[12]

Como parte de dicho pronunciamiento en esta adición al Plan de Guadalupe, unos días después, el 29 de diciembre de

---

12 Óscar Cruz Barney. *Derecho privado y Revolución Mexicana* (México: Instituto de Investigaciones Jurídicas-Universidad Nacional Autónoma de México, 2016), 165-168.

1914, Venustiano Carranza emite la Ley del Divorcio, primera vez que se consigna el tema, ya que como vimos en los códigos civiles de 1870 y 1884, no existía el divorcio como tal; aun cuando así se manifestaba en los apartados respectivos, en realidad se trataba de una separación de cuerpos.

De lo anterior citamos los artículos 1° y 2 °.

> Artículo 1°.— Se reforma la fracción IX del artículo 23 de la ley del 14 de diciembre de 1874, reglamentaria de las adiciones y reformas de la Constitución Federal decretada el 25 de diciembre de 1873, en los términos siguientes.
>
> [...]
>
> Fracción IX.— El matrimonio podrá disolverse en cuanto al vínculo, ya sea por mutuo y libre consentimiento de los cónyuges cuando el matrimonio tenga más de tres años de celebrado o en cualquier tiempo por causas que hagan imposible o indebida la realización de los fines del matrimonio, o por faltas graves de alguno de los cónyuges, que hagan irreparable la desavenencia conyugal. Disuelto el matrimonio, los cónyuges pueden contraer una nueva unión legítima.
>
> Artículo 2°.— Entre tanto se establece el orden constitucional en la República, los gobernadores de los Estados quedan autorizados para hacer en los respectivos Códigos Civiles, las modificaciones necesarias a fin de que esta ley pueda tener aplicación.

Posteriormente, encontramos un decreto de 29 de enero de 1915,[13] en el que se reformaron, entre otros, los artículos 155, 227, 231, 232, 233, 2052, 2086 y el 1° transitorio del código civil de 1884, con el fin de hacer aplicable la ley de divorcio en el Distrito Federal, y que nos permite saber lo relativo al convenio del divorcio entre las partes, el que transcribimos en lo conducente.

> "Art. 155.— El matrimonio es un contrato civil entre un solo hombre y una sola mujer, que se unen en sociedad legítima para perpetuar su especie y ayudarse a llevar el peso de la vida.

---

13 Secretaría de Cultura. Biblioteca de México. Primera Jefatura del Ejercito Constitucionalista. Decretos, núm. 35, pp. 168-181. Consultada el 6 de noviembre 2019. https://dgb.cultura.gob.mx/libros/dgb/84244_1.pdf

[...]

Capítulo V. Del Divorcio

Art. 227.— Son causas de divorcio:

[...]

XI.— El mutuo consentimiento;

Art. 231.— Cuando ambos consortes convengan en divorciarse, no podrán verificarlo sino ocurriendo por escrito al juez, y en los términos que expresan los artículos siguientes; en caso contrario, aunque vivan separados se tendrán como unidos para todos los efectos legales del matrimonio.

Art. 232.— Los cónyuges que pidan de conformidad su divorcio, deberán acompañar en todo caso a su demanda, un convenio que arregle la situación de los hijos y la manera de liquidar sus relaciones en cuanto a los bienes, ya sea que vivan bajo el régimen de sociedad conyugal o de separación de bienes.

Art. 233.— El divorcio por mutuo consentimiento no puede pedirse sino pasados tres años de la celebración del matrimonio. Presentada la solicitud, el juez de, Primera Instancia remitirá extracto al del Estado Civil para que éste la haga publicar en los mismos términos en que se hace la publicación de las actas de presentación matrimonial, y citará a los cónyuges a una junta, en la cual procurará restablecer entre ellos la concordia y cerciorarse de la completa libertad de ambos para divorciarse. Si no lograre avenirlos, se celebrarán todavía, con el mismo objeto, dos juntas más que el juez citará a petición de ambos cónyuges. Esta petición no podrá hacerse sino después de transcurrido un mes desde la última junta celebrada.

Art. 2052.— En los casos de divorcio por mutuo consentimiento, o de simple separación de bienes, se observarán, para la liquidación, los convenios que hayan celebrado los consortes, y que fueren aprobados por el juez, salvo lo convenido en las capitulaciones matrimoniales y lo dispuesto en este capítulo en sus respectivos casos.

Art. 2086.— En caso de divorcio por mutuo consentimiento, se observarán las disposiciones de los artículos 232, 2052, 2053, 2056 el 2061, 2065 a 2067 y 2067 a 2071, salvo las capitulaciones matrimoniales.

Transitorios

Art. 1o.— Entretanto se nombran jueces de primera instancia, el divorcio por mutuo consentimiento podrá verificarse hacien-

> do la solicitud respectiva ante el Presidente Municipal del lugar, quien citará a las juntas que establece esta ley, y pasará una vez que se cerciore de que los cónyuges quieren separarse libremente, el expediente a un notario público, para que otorgue la escritura correspondiente, en la que hagan constar su voluntad de separarse, y su contrato sobre liquidación de la sociedad legal y la condición en que deben de quedar los hijos, a reserva de que este convenio se someta a la aprobación judicial, una vez que existan los jueces de referencia. De este contrato se publicará un extracto en las tablas del Registro Civil".

Mediante decreto de 27 de mayo de 1916[14] se adicionó un artículo único a la Ley de Divorcio de 1914, que dice: "Las sentencias de divorcio dictadas antes de la Ley de 29 de diciembre de 1914 producirán los efectos de la presente ley, quedando en consecuencia, roto el vínculo matrimonial, y los divorciados en aptitud de contraer nuevo matrimonio".

El decreto de 16 de junio de 1916[15] reformó el código civil de 1884: redujo el plazo de tres años a uno, a partir del matrimonio, para solicitar el divorcio, y las juntas de avenencia, que eran 3, cambiaron por una sola.

Venustiano Carranza, el 11 de julio de 1916,[16] emitió un decreto a través del cual se declararon nulos todos los actos ejecutados por particulares en los que hubieren intervenido autoridades de los poderes judiciales y administrativos de la usurpación huertista. Se exceptuaron de la nulidad y quedaron revalidados, pleno derecho, por la sola expedición del citado decreto, las actas del registro civil que versaron sobre nacimiento, reconocimiento y designación de hijos y sobre defunción, y las de matrimonio cuando los contrayentes hubieran tenido

---

14 Secretaría de Gobernación. *Recopilación de Leyes y Decretos expedidos en el año de 1916 bajo el régimen preconstitucional de la Primera Jefatura del Ejercito Constitucionalista*, decreto núm. 35 (México: Secretaría de Educación Pública. Talleres Gráficos de la Nación, 1922), 84-85.

15 Secretaría de Gobernación, *Recopilación de Leyes y Decretos*, decreto núm. 42, 99-102.

16 Secretaría de Gobernación, *Recopilación de Leyes y Decretos*, decreto núm. 61,153-158.

hijos o cuando alguno de ellos hubiere fallecido antes de la promulgación del decreto o que falleciere dentro del término fijado en su artículo 7.°, sin haberse dictado ninguna resolución.

2.9. LEY SOBRE RELACIONES FAMILIARES 1917

Consideramos importante citar la Ley Sobre Relaciones Familiares porque es la primera que reconoce el divorcio y no solo la separación de cuerpos, como las disposiciones anteriores.

El 9 de abril de 1917 se emitió el decreto, el cual se publicó en el Periódico Oficial del Estado de Jalisco, el 14 de julio de 1917, tomo LXXXIV, No. 3. Compaginación especial, de la Ley Sobre Relaciones Familiares expedida por Venustiano Carranza, primer jefe del Ejército Constitucionalista, encargado del Poder Ejecutivo de la Nación.

Esta ley, en sus disposiciones generales, concretamente el artículo 9°, derogó diversas disposiciones del código civil publicado por decreto de 15 de mayo de 1884.

Quedan derogados, especialmente el Capítulo VI del Título quinto, relativo al divorcio.

Esta ley, en sus artículos 75 y 76, reguló, entre otros, el tema del divorcio; y los artículos 80 y 81, el convenio que se debe acompañar en la demanda de divorcio respectiva, que hemos comentado.

> Artículo 75. El divorcio disuelve el vínculo del matrimonio y deja a los cónyuges en aptitud de contraer otro.
>
> Artículo 76. Son causas de divorcio:
>
> [...]
>
> XII. El mutuo consentimiento.
>
> [...]
>
> Artículo 80. Cuando ambos consortes convengan en divorciarse, no podrán verificarlo sino ocurriendo por escrito al Juez y en los términos que expresan los artículos siguientes: en caso contrario, aunque vivan separados se tendrán por unidos para todos los efectos legales del matrimonio.

> Artículo 81. Los cónyuges que piden de conformidad su divorcio, deberán acompañar en todo caso a su demanda un convenio que arregle la situación de los hijos y la manera de liquidar sus relaciones en cuanto a los bienes.

Como podemos apreciar, cuando se refiere al convenio se persiste en la eliminación del requisito de que este debe ser en escritura pública.

2.10. CÓDIGO CIVIL PARA EL DISTRITO FEDERAL 1928

Sobre nuestro Código Civil para el Distrito Federal, debemos recordar que originalmente era para el distrito y territorios federales, en materia común, y para toda la República en materia federal, el cual hoy regula a la Ciudad de México.

El código civil ha sufrido diversas modificaciones, que se han publicado en el Diario Oficial de la Federación; a partir del 25 de mayo del 2000 en la Gaceta del Gobierno del Distrito Federal; y a partir de las reformas del 13 de julio de 2016, en la Gaceta Oficial de la Ciudad de México. Hasta el 23 de abril de 2024 hemos encontrado 106 publicaciones.

TEXTO ORIGINAL DEL CAPÍTULO X DEL DIVORCIO

> Artículo 266.— El divorcio disuelve el vínculo del matrimonio y deja a los cónyuges en aptitud de contraer otro.
>
> Artículo 267.— Son causas de divorcio:
>
> [...]
>
> XVII.— El mutuo consentimiento.

Reformas

El 31 de diciembre de 1974 se reformó el artículo 267 en su fracción XII; el 27 de diciembre de 1983 se adicionó la fracción XIX, y la XX el 30 de diciembre de 1997. El 25 de mayo de 2000 se reformaron las fracciones II a IX, XI, XIV y XX; en la misma fecha se adicionó un último párrafo; el 3 de octubre de 2008 se reformó el mismo con el texto que se transcribe y, finalmente, el 24 de junio de 2011.

El texto actual dice en lo relativo:

> Artículo 267. El cónyuge que unilateralmente desee promover el juicio de divorcio deberá acompañar a su solicitud la propuesta de convenio [...] debiendo contener los siguientes requisitos: I. La designación de la persona que tendrá la guarda y custodia de los hijos menores o incapaces; II.— Las modalidades [...] de visitas, [...] III.— El modo de atender las necesidades de los hijos [...] IV.— Designación del cónyuge al que corresponderá el uso del domicilio conyugal, en su caso, y del menaje; V.— La manera de administrar los bienes [...]; VI. [...].

ARTÍCULO 272
(Divorcio administrativo)

> Artículo 272.— Cuando ambos consortes convengan en divorciarse y sean mayores de edad, no tengan hijos y de común acuerdo hubieren liquidado la sociedad conyugal, si bajo ese régimen se casaron, se presentarán personalmente ante el Oficial del Registro Civil del lugar de su domicilio, comprobarán con las copias certificadas respectivas que son casados y mayores de edad, y manifestarán de una manera terminante y explícita su voluntad de divorciarse.
>
> El Oficial del Registro Civil, previa identificación de los consortes, levantará un acta en que haga constar la solicitud de divorcio y citará a los cónyuges para que se presente a ratificarla a los quince días. Si los consortes hacen la ratificación el Oficial del Registro Civil los declarará divorciados, levantando el acta respectiva y haciendo la anotación correspondiente en la del matrimonio anterior.
>
> El divorcio así obtenido no surtirá efectos legales si se comprueba que los cónyuges tienen hijos, son menores de edad o no han liquidado su sociedad conyugal, y entonces a que ellos sufrirán las penas que establezca el código de la materia.
>
> Los consortes que no se encuentren en el caso previsto en los anteriores de este artículo, divorciarse por mutuo consentimiento, ocurriendo al juez competente en los términos que ordena el código de procedimientos civiles.

ARTÍCULO 27
(posteriormente derogado)

> Artículo 273.— Los cónyuges que se encuentren en el caso del párrafo último del artículo anterior, están obligados a presentar un convenio en que se fijen los siguientes puntos: [...]

El artículo 273 fue reformado en las siguientes fechas: su fracción III, el 31 de diciembre de 1974; el 27 de diciembre de 1983; el 25 de mayo del 2000, y fue derogado el 3 de octubre de 2008.

Capítulo tercero

EL DIVORCIO EN EL CÓDIGO CIVIL PARA EL DISTRITO FEDERAL. APLICABLE EN LA CIUDAD DE MÉXICO

3.1. CÓDIGO CIVIL DE 1928

Continuando con el tema, transcribimos la regulación de este código a la fecha del presente trabajo, sobre las actas del divorcio:

> **Capítulo VIII**
>
> **DE LAS ACTAS, ANOTACIONES E INSCRIPCIONES DE DIVORCIO**
>
> **Artículo 114.**— La sentencia ejecutoria que decrete un divorcio se remitirá en copia certificada al Juez del Registro Civil para que realice la anotación en el acta de matrimonio correspondiente.
>
> **Artículo 115.** El acta de divorcio administrativo se levantará en los términos prescritos por el artículo 272 de este ordenamiento, previa solicitud por escrito que presenten los cónyuges y en ella se expresará el nombre y apellidos, edad, ocupación y domicilio de los solicitantes, la fecha y lugar de la Oficina en que celebraron su matrimonio y el número de partida del acta correspondiente.
>
> **Artículo 116.**— Extendida el acta de divorcio administrativo, se mandará anotar en la de matrimonio de los divorciados.
>
> Si el divorcio administrativo se hiciere en oficina distinta de aquella en que se levantó el acta de matrimonio de los divorciados, el Juez del Registro Civil que autorice el acta de divorcio administrativo, remitirá copia de ésta al encargado de la oficina que haya registrado el matrimonio, para que haga la anotación en el acta respectiva.

Transcribimos la regulación de este código a la fecha del presente trabajo, sobre los artículos del divorcio. En el inciso siguiente hacemos una síntesis de las reformas al articulado del divorcio.

CAPÍTULO X

Del divorcio

Artículo 266. — El divorcio disuelve el vínculo del matrimonio y deja a los cónyuges en aptitud de contraer otro. Podrá solicitarse por uno o ambos cónyuges cuando cualquiera de ellos lo reclame ante la autoridad judicial, manifestando su voluntad de no querer continuar con el matrimonio, sin que se requiera señalar la causa por la cual se solicita.

Solo se decretará cuando se cumplan los requisitos exigidos por el siguiente artículo.

Artículo 267. — El cónyuge que unilateralmente desee promover el juicio de divorcio deberá acompañar a su solicitud la propuesta de convenio para regular las consecuencias inherentes a la disolución del vínculo matrimonial, debiendo contener los siguientes requisitos:

I. La designación de la persona que tendrá la guarda y custodia de los hijos menores o incapaces;

II.— Las modalidades bajo las cuales el progenitor, que no tenga la guarda y custodia, ejercerá el derecho de visitas, respetando los horarios de comidas, descanso y estudio de los hijos;

III.— El modo de atender las necesidades de los hijos y, en su caso, del cónyuge a quien deba darse alimentos, especificando la forma, lugar y fecha de pago de la obligación alimentaria, así como la garantía para asegurar su debido cumplimiento;

IV.— Designación del cónyuge al que corresponderá el uso del domicilio conyugal, en su caso, y del menaje;

V.— La manera de administrar los bienes de la sociedad conyugal durante el procedimiento y hasta que se liquide, así como la forma de liquidarla, exhibiendo para ese efecto, en su caso, las capitulaciones matrimoniales, el inventario, avalúo y el proyecto de partición;

VI.— En el caso de que los cónyuges hayan celebrado el matrimonio bajo el régimen de separación de bienes deberá señalarse la **compensación**, que no podrá ser superior al 50% del valor de los bienes que hubieren adquirido, a que tendrá derecho el cónyuge que, durante el matrimonio, se haya dedicado preponderantemente al desempeño del trabajo del hogar y, en su caso, al cuidado de los hijos. El Juez de lo Familiar resolverá atendiendo a las circunstancias especiales de cada caso.

Artículo 268.— Derogado.

Artículo 269.— Derogado.

Artículo 270.— Derogado.

Artículo 271. — Los jueces de lo familiar están obligados a suplir la deficiencia de las partes en el convenio propuesto.

Las limitaciones formales de la prueba que rigen en la materia civil no deben aplicarse en los casos de divorcio respecto del o los convenios propuestos.

Artículo 272.— Procede el divorcio administrativo cuando ambos cónyuges convengan en divorciarse, hayan liquidado la sociedad conyugal de bienes, si están casados bajo ese régimen patrimonial, la cónyuge no esté embarazada, no tengan hijos en común o teniéndolos sean mayores de edad, y éstos no requieran alimentos o alguno de los cónyuges. El Juez del Registro Civil, previa identificación de los cónyuges, y ratificando en el mismo acto la solicitud de divorcio, levantará un acta en que los declarará divorciados y hará la anotación correspondiente en la del matrimonio anterior.

Artículo 273.— Derogado.

Artículo 274.— Derogado.

Artículo 275.— Derogado.

Artículo 276. — Derogado.

Artículo 277. — La persona que no quiera pedir el divorcio podrá, sin embargo, solicitar que se suspenda su obligación de cohabitar con su cónyuge, cuando éste se encuentre en alguno de los siguientes casos:

I.— Padezca cualquier enfermedad incurable que sea, además, contagiosa o hereditaria;

II.— Padezca impotencia sexual irreversible, siempre y cuando no tenga su origen en la edad avanzada; o

III.— Padezca trastorno mental incurable, previa declaración de interdicción que se haga respecto del cónyuge enfermo;

En estos casos, el juez, con conocimiento de causa, podrá decretar esa suspensión; quedando subsistentes las demás obligaciones creadas por el matrimonio.

Artículo 278.— Derogado.

Artículo 279.— Derogado.

Artículo 280.— La reconciliación de los cónyuges pone término al procedimiento de divorcio en cualquier estado en que se encuentre. Para tal efecto los interesados deberán comunicar su reconciliación al Juez de lo Familiar.

Artículo 281. — Derogado.

Artículo 282.— Desde que se presenta la demanda, la controversia del orden familiar o la solicitud de divorcio y solo mientras dure el juicio, se dictarán las medidas provisionales pertinentes; asimismo en los casos de divorcio en que no se llegue a concluir mediante convenio, las medidas subsistirán hasta en tanto se dicte sentencia interlocutoria en el incidente que resuelva la situación jurídica de hijos o bienes, según corresponda y de acuerdo a las disposiciones siguientes:

A. De oficio:

I.— En los casos en que el Juez de lo Familiar lo considere pertinente, de conformidad con los hechos expuestos y las documentales exhibidas en los convenios propuestos, tomará las medidas que considere adecuadas para salvaguardar la integridad y seguridad de los interesados, incluyendo las de violencia familiar, donde tendrá la más amplia libertad para dictar las medidas que protejan a las víctimas;

II.— Señalar y asegurar las cantidades que a título de alimentos debe dar el deudor alimentario al cónyuge acreedor y a los hijos que corresponda;

III.— Las que se estimen convenientes para que los cónyuges no se puedan causar perjuicios en sus respectivos bienes ni en los de la sociedad conyugal en su caso. Asimismo, ordenar, cuando existan bienes que puedan pertenecer a ambos cónyuges, la anotación preventiva de la demanda en el Registro Público de la Propiedad y de Comercio del Distrito Federal y de aquellos lugares en que se conozca que tienen bienes;

IV.— Revocar o suspender los mandatos que entre los cónyuges se hubieran otorgado, con las excepciones que marca el artículo 2596 de este Código;

B. Una vez contestada la solicitud:

I.— El Juez de lo Familiar determinará con audiencia de parte, y teniendo en cuenta el interés familiar y lo que más convenga a los hijos, cuál de los cónyuges continuará en el uso de la vivienda familiar y, asimismo, previo inventario, los bienes y enseres que continúen en ésta y los que se ha de llevar el otro cónyuge, incluyendo los necesarios para el ejercicio de la profesión, arte u oficio a que esté dedicado, debiendo informar éste el lugar de su residencia.

II.— Poner a las hijas e hijos al cuidado de la persona que de común acuerdo designen los cónyuges, pudiendo estos compartir la guarda y custodia mediante convenio. La Jueza o Juez de lo Familiar deberá, en todos los casos, ponderar el interés superior de la niñez, garantizando que reciba una protección integral de sus derechos fundamentales, para lo cual las y los menores podrán manifestar su opinión en relación con la guarda y custodia, misma que tendrá que ser tomada en cuenta al momento de emitir la resolución respectiva.

En defecto de ese acuerdo, la Jueza o el Juez de lo Familiar resolverá conforme al Título Décimo Sexto del Código de Procedimientos Civiles.

En el caso de que existan menores de doce años, la Jueza o Juez de lo Familiar determinará, atendiendo a las circunstancias concretas del caso específico, garantizando las mejores condiciones para el desarrollo, cuidado y protección de las y los menores, si éstos quedan al cuidado de la madre, del padre o incluso de persona ajena a sus progenitores.

No será obstáculo para la preferencia en la custodia, el hecho de que la madre o padre por dedicarse al trabajo de cuidados en el hogar carezca de recursos económicos.

III.— El Juez de lo Familiar resolverá teniendo presente el interés superior de los hijos, quienes serán escuchados, las modalidades del derecho de visita o convivencia con sus padres.

IV.— Requerirá a ambos cónyuges para que le exhiban, bajo protesta de decir verdad, un inventario de sus bienes y derechos, así como, de los que se encuentren bajo el régimen de sociedad conyugal, en su caso, especificando además el título bajo el cual se adquirieron o poseen, el valor que estime que tienen, las capitulaciones matrimoniales y un proyecto de partición. Durante el procedimiento, recabará la información complementaria y comprobación de datos que en su caso precise; y

V.— Las demás que considere necesarias.

Artículo 283.— La sentencia de divorcio fijará la situación de los hijos menores de edad para lo cual deberá contener las siguientes disposiciones:

I.-Todo lo relativo a los derechos y deberes inherentes a la patria potestad, su pérdida, suspensión o limitación; a la guarda y custodia, así como a las obligaciones de crianza y el derecho de los hijos a convivir con ambos progenitores.

II.-Todas las medidas necesarias para proteger a los hijos de actos de violencia familiar o cualquier otra circunstancia que lastime u obstaculice su desarrollo armónico y pleno.

III.-Las medidas necesarias para garantizar la convivencia de los hijos con sus padres, misma que sólo deberá ser limitada o suspendida cuando exista riesgo para los menores.

IV.— Tomando en consideración, en su caso, los datos recabados en términos del artículo 282 de este Código, el Juez de lo Familiar fijará lo relativo a la división de los bienes y tomará las precauciones necesarias para asegurar las obligaciones que queden pendientes entre los cónyuges o con relación a los hijos. Los excónyuges tendrán obligación de contribuir, en proporción a sus bienes e ingresos, al pago de alimentos a favor de los hijos.

V.— Las medidas de seguridad, seguimiento y las psicoterapias necesarias para corregir los actos de violencia familiar en términos de la Ley de Asistencia y Prevención a la Violencia Familiar y Ley de Acceso de las Mujeres a una vida libre de Violencia para el Distrito Federal. Medidas que podrán ser suspendidas o modificadas en los términos previstos por el artículo 94 del Código de Procedimientos Civiles para el Distrito Federal.

VI.— Para el caso de los mayores incapaces, sujetos a la tutela de alguno de los excónyuges, en la sentencia de divorcio deberán establecerse las medidas a que se refiere este artículo para su protección.

VII.— En caso de desacuerdo, el Juez de lo Familiar, en la sentencia de divorcio, habrá de resolver sobre la procedencia de la compensación que prevé el artículo 267 fracción VI, atendiendo a las circunstancias especiales de cada caso.

VIII.— Las demás que sean necesarias para garantizar el bienestar, el desarrollo, la protección y el interés de los hijos menores de edad.

Para lo dispuesto en el presente artículo, de oficio o a petición de parte interesada, durante el procedimiento el Juez se allegará de los elementos necesarios, debiendo escuchar al Ministerio Público, a ambos padres y a los menores.

Artículo 283 Bis.— En caso de que los padres hayan acordado la guarda y custodia compartida en términos de lo establecido en la fracción II del apartado B del artículo 282, el Juez, en la sentencia de divorcio, deberá garantizar que los divorciantes cumplan con las obligaciones de crianza, sin que ello implique un riesgo en la vida cotidiana para los hijos.

Artículo 284.— Derogado.

Artículo 285. El padre y la madre, aunque pierdan la patria potestad quedan sujetos a todas las obligaciones que tienen para con sus hijos.

Artículo 286. Derogado.

Artículo 287. En caso de que los cónyuges lleguen a un acuerdo respecto del convenio señalado en el artículo 267 y este no contravenga ninguna disposición legal, o presentaren un convenio emanado del procedimiento de mediación a que se refiere la Ley de Justicia Alternativa del Tribunal Superior de Justicia para el Distrito Federal, en uno u otro caso el juez lo aprobará de plano, decretando el divorcio mediante sentencia. En caso contrario, el juez decretará el divorcio dejando expedito el derecho de los cónyuges para que lo hagan valer por la vía incidental, exclusivamente por lo que concierne al convenio.

El juez exhortará en la referida sentencia que, previo al inicio de la vía incidental, las partes acudan al procedimiento de mediación a que se refiere la Ley de Justicia Alternativa del Tribunal Superior de Justicia para el Distrito Federal, e intenten, a través de dicho procedimiento, llegar a un acuerdo respecto del convenio señalado.

En caso de que las partes, una vez recibida la premediación, no hubieren aceptado el procedimiento, o habiéndolo iniciado no fuera posible llegar a un acuerdo, podrán hacer valer sus derechos por la vía incidental. En el caso de que las partes logren la construcción de un acuerdo por medio del procedimiento de mediación, lo harán del conocimiento del juez.

Artículo 288.— En caso de divorcio, el Juez resolverá sobre el pago de alimentos a favor del cónyuge que, teniendo la necesidad de recibirlos, durante el matrimonio se haya dedicado preponderantemente a las labores del hogar, al cuidado de los hijos, esté imposibilitado para trabajar o carezca de bienes; tomando en cuenta las siguientes circunstancias:

I.— La edad y el estado de salud de los cónyuges;

II.— Su calificación profesional y posibilidad de acceso a un empleo;

III.— Duración del matrimonio y dedicación pasada y futura a la familia;

IV.— Colaboración con su trabajo en las actividades del cónyuge;

V.— Medios económicos de uno y otro cónyuge, así como de sus necesidades; y

VI.— Las demás obligaciones que tenga el cónyuge deudor.

En la resolución se fijarán las bases para actualizar la pensión y las garantías para su efectividad. El derecho a los alimentos se extingue cuando el acreedor contraiga nuevas nupcias o se una en concubinato o haya transcurrido un término igual a la duración del matrimonio.

Artículo 289.— En virtud del divorcio, los cónyuges recobrarán su entera capacidad para contraer matrimonio.

Artículo 289 Bis.— Derogado.

Artículo 290.— La muerte de uno de los cónyuges pone fin al juicio de divorcio, y los herederos tienen los mismos derechos y obligaciones que tendrían si no hubiere existido dicho juicio.

Artículo 291.— Ejecutoriada una sentencia de divorcio, el Juez de lo Familiar, bajo su más estricta responsabilidad, remitirá copia de ella al Juez del Registro Civil ante quien se celebró el matrimonio, para que realice la anotación correspondiente en la del matrimonio disuelto.

3.2. SÍNTESIS DE LAS REFORMAS, ADICIONES Y DEROGACIONES DEL ARTICULADO DEL CÓDIGO CIVIL, RELATIVAS AL DIVORCIO SEGÚN EL AÑO EN QUE SE PRODUJERON. ARTÍCULOS 266 AL 291

Artículos	Año	Año	Año
266	2000, 2008 y 2018		
267	1974, 1983 y 1997	2000, 2008 y 2011	
268	1983	2000	DEROGADO
269	2000 DEROGADO		
270	2000 DEROGADO		
271	1983 DEROGADO	REF 2000 y 2008	
272	1973, 2000 y 2010	2016, 2018 y 2021	
273	1974, 1983 y 2000	2008 DEROGADO	
274	2000 DEROGADO		
275	2000	2008 DEROGADO	
276	2008 DEROGADO		
277	2008		
278	2000	2008 DEROGADO	
279	1983	2000 DEROGADO	
280	2000 y 2008		

Artículos	Año	Año	Año
281	1983	2008 DEROGADO	
282	1954, 1974 y 1983	199, 2000, 2004 y 2007	200 y 2022
283	1983, 1997 y 2000	2004, 2007 y2008	
283 BIS	2007 ADICIONADO	2008 REFORMADO	
284	1974	2000	2008 DEROGADO
285	SIN REFORMAS		
286	2008 DEROGADO		
287	1974, 2000 y2007	200 y 2013	(2) 19 de junio y 8 de agosto
288	1974, 1983 y 2000	2008	
289	2000		
289 BIS	2000 ADICIONADO	2008 DEROGADO	
290	2000		
291	1971 y 1973	2000 y 2010	

3.3. PROPUESTA DE REFORMA DEL ARTÍCULO 273 Y ADICIÓN DEL ARTÍCULO 291 BIS PARA LA ARMONIZACIÓN LEGISLATIVA

Artículo 273.— El Divorcio Bilateral podrá tramitarse ante Notaria o Notario público, siempre y cuando no se hayan procreado hijas o hijos, o que aun sean menores de edad y no existan bienes o deudas atribuibles al patrimonio conyugal, o el Código Civil o leyes de cada Entidad Federativa así lo dispongan.

Artículo 291 BIS.— Una vez declarada la disolución del vínculo matrimonial en términos del divorcio bilateral, el juez efectuará la anotación respectiva en el acta de matrimonio de éstos.

Si la autorización del acta de divorcio se hiciere en juzgado distinto de la ubicación de la oficina del Notario, aquél en que se levantó el acta de matrimonio, el Notario ante quien se declare el divorcio bilateral, remitirá copia del acta que autorice al juez u oficial que haya registrado el matrimonio para los efectos antes apuntados.

Capítulo cuarto

JURISDICCIÓN VOLUNTARIA

4.1. JURISDICCIÓN VOLUNTARIA

El divorcio bilateral es un procedimiento donde las partes deben manifestar su absoluto acuerdo y voluntad para llevar a cabo la disolución del vínculo matrimonial.

Lo que no dice el CNPCyF, pero está implícito, es que este divorcio es de común acuerdo, no hay controversia entre los divorciantes; e incluso, la procedencia del divorcio bilateral ante notario es que no haya hijos o hijas menores de edad, que no existan bienes o deudas atribuibles al patrimonio conyugal; es decir, que no exista confrontación, y que no existan terceros que puedan ser trastocados sus derechos.

Como lo comentamos en el capítulo primero en lo relativo a la voluntad, no puede restringirse ésta cuando ambos divorciantes desean concluir con el vínculo matrimonial, por lo que considero que la naturaleza del trámite es de jurisdicción voluntaria.

No desconozco que el CNPCyF regule en otros capítulos la propia jurisdicción voluntaria, pero tampoco podemos desconocer que en el divorcio bilateral estamos en presencia de dicha figura de la jurisdicción voluntaria, el que en este capítulo tratamos de explicar desde el punto de vista notarial.

4.2. JURISDICCIÓN VOLUNTARIA DR. MANUEL BORJA SORIANO

En la revista *Derecho Notarial Mexicano*, número 5 (1957), de la entonces Asociación del Notariado Mexicano (hoy Colegio Nacional del Notariado), en la que se convocó al Segundo Congreso

Nacional del Notariado, en octubre de 1957, su presidente, el Dr. Manuel Borja Soriano escribió un artículo titulado "El notario de México y la jurisdicción voluntaria". En dicho artículo escribió:

A. EL NOTARIO

La Ley del Notariado de 31 de diciembre de 1945, vigente en el Distrito Federal asigna al Notario las funciones siguientes:

El Notario desempeña las funciones, que son de orden público, por delegación del Estado o sea del Ejecutivo de la Unión (Art. 1° de la Ley).

El Notario es la persona investida de fe pública para hacer constar los actos 'y hechos jurídicos a los que los interesados deban o quieran dar autenticidad conforme a las leyes, y autorizada para intervenir en la formación de tales actos o hechos jurídicos, revistiéndolos de solemnidad y forma legal (Art.2°).

Escritura es el instrumento original que el notario asienta en el Protocolo para hacer constar un acto jurídico (Art. 32). Acta notarial es el instrumento original que el Notario asienta en el Protocolo para hacer constar un hecho jurídico (Art. 58).

El Notario, además, guarda escritos y firmados en el Protocolo los instrumentos relativos a los actos y hechos jurídicos, con sus anexos y expide los testimonios o copias que legalmente puedan darse (Art. 3°).

Las escrituras, las actas y sus testimonios, mientras no fuere declarada legalmente su falsedad, probaran plenamente que los otorgantes manifestaron su voluntad de celebrar el acto consignado en la escritura que hicieron las declaraciones y se realizaron los hechos de los que haya dado fe el Notario y que éste observó las que mencionó (Art. 75).

El Notario está obligado a ejercer sus funciones cuando para ello fuere requerido. Debe rehusarlas si la intervención en el acto o hecho corresponde exclusivamente a algún otro funcionario; si el objeto o fin del acto es contrario a una ley de interés público o a las buenas costumbres; si el objeto del acto es física o legalmente imposible (Art. 4 Fracs. I, IV y V).

Los Notarios no son remunerados por el erario, sino que tienen derecho a cobrar a los interesados en cada caso los honorarios que devenguen conforme al arancel (Art. 9°).

Los Notarios deben cumplir con las obligaciones que le impone la Ley del Notariado y las demás leyes (Art. 13). En caso de incumplimiento, incurren en las penas que la Ley del Notariado establece en sus artículos 14 y siguientes.

B. PROFESIONAL DEL DERECHO

La Ley del Notariado, en sus artículos 1°, 3° y 11, reiteradamente declara que el Notario es un profesional del Derecho.

En efecto, el Notario tiene que ser abogado con título expedido por institución reconocida legalmente por el Estado y debidamente registrado en la Dirección General de Profesiones y debe haber practicado bajo la dirección y responsabilidad de un Notario, durante ocho meses ilustra a las partes en materia jurídica, tiene el deber de explicarle el valor y las consecuencias legales de los actos que vayan a otorgar siempre que le pidan esa explicación o que el Notario la juzgue necesaria o conveniente. (Art. 11). A los otorgantes les debe explicar el valor y las consecuencias legales del contenido del instrumento cuando proceda, según lo expuesto (Art. 34 frac. III inciso c) debe examinar el título o los títulos respectivos cuando la escritura sea relativa o bienes inmuebles (Art. 10 y Art. 34 frac. III).

Por su calidad de profesional en Derecho, el Notario podrá: aceptar el cargo de profesor en la Facultad de Derecho o en otro plantel de instrucción pública: resolver consultas jurídicas: patrocinar a los interesados en los procedimientos judiciales necesarios para obtener el registro de escrituras: patrocinar a los interesados en los procedimientos administrativos necesarios para el otorgamiento, registro o trámite fiscal de las escrituras que otorgaren (Art. 6° frac. I, V, VII y VIII). Pero sus funciones son incompatibles con el desempeño del mandato judicial y con el ejercicio de la profesión de abogado en asuntos que haya contienda (Art. 6° al principio).[17]

4.3. CONCEPTOS DE JURISDICCIÓN VOLUNTARIA POR AUTORES DIVERSOS

Continuamos con lo analizado por diferentes autores respecto de la jurisdicción voluntaria. Según José de Vicente y Caravantes:

---

17 Manuel Borja Soriano,"El notario de México y la jurisdicción voluntaria", *Revista del Derecho Notarial Mexicano* 5 (1957), 159.

> Entiéndese por jurisdicción voluntaria, la que ejerce el juez en actos o en asuntos que, o por su naturaleza o por el estado en que se hallan, no admiten contradicción de parte emanando su parte intrínseca de los mismos interesados, que acuden ante la autoridad judicial, la cual se limita a dar fuerza y valor legal a aquellos actos, por medio de su intervención o de sus providencias, procediendo sin las formalidades esenciales de los juicios. Por la anterior definición se comprenderá fácilmente las varias diferencias que existen entre la jurisdicción voluntaria y la contenciosa. Una de las más radicales o de mayor importancia, consiste en que la jurisdicción contenciosa tiene por objeto el examen y la decisión de asuntos litigiosos, de contestaciones entre personas que acuden al juicio contra su voluntad, por no hallarse de acuerdo sobre sus pretensiones respectivamente el juez, según lo expuesto y probado por ellas y por eso se dice que esa jurisdicción se ejerce inter nolentes mientras que la jurisdicción voluntaria se ejerce en negocios que no admiten contestación, entre personas que están de acuerdo sobre el acto que se ejecuta y por eso se dice que esa jurisdicción se ejerce inter volentes, y en los que la persona encargada del ejercicio de esta jurisdicción no tiene más que confirmar o dar fuerza y legalidad al acto por medio de su intervención y autoridad.[18]

En opinión del famoso profesor de la Universidad Bocconi de Milán y de la Universidad Sapienza de Roma, Francesco Carnelutti:

> Se trata de vigilar o de controlar la actividad jurídica de los particulares, en algunos casos en los que la calidad del sujeto o la estructura o la función del negocio hacen más grave el peligro de un uso nocivo de aquella. Esta es una vigilancia enteramente análoga a aquella que, por ejemplo, el Estado ejercita en materia de higiene o de seguridad pública; diversa es la materia, pero idéntico el fin. Así no hay diferencia de fin sino de modo entre el control del Estado sobre las condiciones jurídicas en las que se desenvuelve el trabajo de los niños y sobre la administración del patrimonio de los menores ni entre la vigilancia sobre las condiciones de seguridad de las fábricas

---

18 José de Vicente Caravantes, *Tratado histórico, crítico, filosófico de los procedimientos judiciales en materia civil, según la nueva ley de enjuiciamiento*, t. IV, libro cuarto (Madrid, 1958), 523-524.

y la vigilancia sobre las transacciones entre el asegurador y el operario afectado de un accidente, ni entre la intervención para promover el desarrollo de la industria y la intervención en la constitución y en la disolución de las sociedades comerciales. El Juez cuando preside un consejo de familia, cuando autoriza la venta de la casa de un menor, cuando homologa una transacción en materia de infortunio sobre el trabajo o el estatuto de una anónima, obra por la satisfacción de un interés público que tiene por objeto la buena administración de los intereses privados, bien distintos pues de los intereses en la composición, en la litis.[19]

Para Ugo Rocco:

La jurisdicción voluntaria no es propiamente actividad jurisdiccional, sino actividad administrativa, confiada en gran parte a órganos jurisdiccionales. Este es, por consiguiente, el verdadero signo distintivo entre la jurisdicción verdadera y propia o jurisdicción contenciosa y la jurisdicción voluntaria. Las otras distinciones que han sido propuestas, son todas inexactas.[20]

A juicio del doctor Adolfo Maldonado:

Los caracteres específicos de la jurisdicción voluntaria son, según Mortara, los siguientes: 1°. No es necesariamente inherente a la función jurisdiccional del Estado, pues podría ser ejercitada por otros órganos, en vista de que consiste solo en actos de gobierno y de policía civil, tomada esta *expresión* en su sentido más amplio; 2°.— En el ejercicio de la jurisdicción voluntaria no se declaran derechos ni se sancionan obligaciones con la garantía de la ejecución forzada, sino que se realiza una tutela casi paternal de intereses particulares: 3°.— Las resoluciones son tomadas, no según criterios de estricta legalidad, sino según motivos de conveniencia y de oportunidad, para lo cual goza el magistrado de un amplio arbitrio; 4°.— El objeto de la jurisdicción voluntaria es solo el patrimonio o la persona del requeriente o de su representado y nunca el patrimonio o la persona de otro, razón por la que una providencia adoptada

---

19 Francesco Carnelutti, *Lezioni di diritto processuale civile*, vol. II, (Padova, 1930), 140.

20 Hugo Rocco, *Derecho procesal civil*, trad. Felipe de J. Tena, (México, 1939), 69-70.

no puede ser ejecutada cohercitivamente ni sobre los bienes ni contra la persona de un tercero.[21]

El doctor Niceto Alcalá Zamora considera:

Nombre inadecuado (el de jurisdicción voluntaria) [...] porque, con raras excepciones, si algún resultado concluyente se ha logrado en materia de jurisdicción voluntaria es el de que no es ni lo uno ni lo otro. No es jurisdicción porque en la variadísima lista de negocios que la integran será difícil encontrar alguno que satisfaga fines jurisdiccionales en estricto sentido: y mucho menos es voluntaria, porque con frecuencia la intervención judicial resulta para los interesados en promoverla tan necesaria o más que en la jurisdicción contenciosa [...] desorientación legislativa. Como si un nombre inadecuado no suscitase ya suficiente perturbación, a él se suma la desorientación legislativa acerca de lo que sea la jurisdicción voluntaria. [...] Contenido heterogéneo. El recorrido de unos cuantos códigos procesales basta para resolver la variedad extrema en contenido y tramitación, de los procedimientos de jurisdicción voluntaria [...] Veamos ahora si la llamada jurisdicción voluntaria tiene carácter jurisdiccional [...] hay que convenir que en la pseudojurisdicción voluntaria el elemento jurisdiccional se haya ausente y que los conceptos a que ella responde serían, por una parte, el de atribución y por otra, el de competencia; esto último huelga decirlo, no monopolizado por proceso, aunque dentro de él haya sido estudiado con mayor profundidad y detenimiento [...] Tesis administrativa. Representa hoy por hoy la tendencia dominante: la jurisdicción voluntaria no es jurisdicción, sino administración, se repite por tratadistas en diversos países y arrastrados por su prestigio y número, nosotros mismos hemos estampado la afirmación.[22]

A este respecto, el doctor Alcalá Zamora cita a Kisch y Speri: Chiovenda, Principios I. p. 364. Carneluti Lezioni, II, n. 90; Calamandrei... Redenti, Profili, Alsina y Couture.

---

21 Adolfo Maldonado, *Derecho procesal civil* (México: Antigua Librería Robredo, 1947), 176.

22 Niceto Alcala-Zamora, "Premisas para determinar la índole de la llamada jurisdicción voluntaria" en *Estudi in onore di Enrico Redenti nel XL anno del suo insegnamento*, vol. 1, (Miliano, 1951), 3-55. https://catalogo.biblio.unc.edu.ar/Record/ derecho.36268

4.4. JURISDICCIÓN VOLUNTARIA EN DIFERENTES DISPOSICIONES NOTARIALES

El 16 de agosto de 1848[23] el presidente José Joaquín Herrera emitió un decreto sobre escribanos, conforme al cual:

> Se declara que las leyes del 30 de noviembre y 19 de diciembre de 1846, no sacaron de su radicación los negocios pendientes en los oficios de los escribanos.
>
> No habiéndose derogado por los decretos referidos las disposiciones que autorizan a los alcaldes para conocer de los juicios de inventarios y de otros negocios de la jurisdicción voluntaria, los escribanos públicos o los de diligencias en su nombre, actuarán con aquellos funcionarios, radicando los autos en sus respectivos oficios o despacho, de manera que las partes procederán, en la inteligencia de que en el caso de volverse el asunto contencioso, se dará cuenta al juzgado a que el escribano corresponda.

Podemos observar que el decreto busca que la impartición de justicia en lo que corresponde a la función del escribano tenga un carácter de neutralidad y equidad para las partes involucradas.

En la Ley Orgánica de Notarios y Actuarios del Distrito Federal, de 1867, emitida bajo la administración del presidente Benito Juárez García, se dice:

> Son atribuciones de los actuarios: 1ª. Intervenir en los juicios, en los términos prevenidos en el decreto de 15 del presente mes. 2ª. Practicar y autorizar las diligencias de los juicios arbitrales. 3ª. Asistir a los inventarios extrajudiciales, cuando las partes lo quieran. 4ª. Intervenir en todos los actos y diligencias de jurisdicción voluntaria y en el bastanteo de poderes ultramarinos. Por el ejercicio de estas atribuciones, con excepción únicamente de la primera, pueden cobrar derechos con arreglo al arancel vigente hoy.
>
> Pero cuando a consecuencia de esas diligencias se haya de otorgar una escritura pública, la extenderá y protocolizará el notario que elijan las partes, si estuvieren todas conformes, ó

---

[23] Dublán y Lozano, *Legislación mexicana*, núm. 3112, t. V, 346.

> el que elija el juez en caso contrario, facilitándole los autos y antecedentes necesarios.

Por su parte, la Ley sobre el Ejercicio del Notariado del Distrito Federal, de 1901, emitida bajo la presidencia del general Porfirio Díaz Mori dice:

> Art. 76. Puede el Notario renunciar ante la Secretaría de Justicia el desempeño de su cargo; pero si fuere abogado quedará impedido para intervenir, con cualquier carácter, en los negocios judiciales que se relacionen con el acta o actas notariales que por el estuvieron autorizadas, sean de la jurisdicción voluntaria, de la contenciosa o de la mixta.

Con fecha 11 de julio de 1916,[24] Venustiano Carranza emitió un decreto a través del cual se declararon nulos todos los actos ejecutados, judicial y administrativamente, por el gobierno usurpador de Victoriano Huerta, en el cual, en materia de jurisdicción voluntaria, dispuso:

> Art. 1º Se declaran nulos en toda la República los actos ejecutados por particulares y en los cuales hayan intervenido prestando su autoridad los funcionarios de los poderes judiciales, federales o locales, de las administraciones usurpadoras huertista y convencionista y de los gobiernos neutrales de Oaxaca y Yucatán.
>
> [...]
>
> Art. 2º Por razón de orden público, se exceptúan de la nulidad a que se refiere el artículo anterior y por lo tanto se consideran revalidados de pleno derecho, por la sola expedición del presente decreto, los siguientes actos:
>
> [...]
>
> III. Las diligencias de jurisdicción voluntaria y mixta que no hayan sido objeto de controversia.
>
> [...]

La Ley del Notariado para el Distrito Federal y Territorios Federales, de 1932, dispuso en su artículo 5.° que el notario

---

24 Secretaría de Gobernación, *Recopilación de Leyes y Decretos*, decreto núm. 61, 153-158.

podía ser árbitro o secretario en juicio arbitral; y en su artículo 102 estableció que el notario de número podía renunciar, ante el entonces Departamento del Distrito Federal o Gobierno del Territorio, al desempeño de su cargo, pero como abogado quedaba impedido para intervenir con cualquier carácter en los negocios judiciales que se relacionaran con el acto o acta notariales que hubiesen sido autorizados por él, ya fuera de jurisdicción voluntaria, contenciosa o mixta.

En la Ley del Notariado de 1946, el artículo 6º dice que el notario sólo puede dedicarse a los asuntos no contenciosos, lo que creemos que reitera la imparcialidad en su actuación ya que como es sabido, el abogado en asuntos contenciosos siempre debe actuar en beneficio de su cliente, lo que significa que si no lo hace incurre en irresponsabilidad profesional. Además, al notario se le permite, entre otros, ser arbitrador o secretario en juicios arbitrales.

En la Ley del Notariado para el Distrito Federal de 1980, en el artículo 17 se indica que las funciones del notario son incompatibles con todo empleo, cargo o comisión públicos, con los empleos o comisiones de particulares, con el desempeño del mandato judicial y con el ejercicio de la profesión de abogado, en asuntos en que haya contienda; con la de comerciante, agente de cambio o ministro de cualquier culto.

La Ley del Notariado para el Distrito Federal del 2000 señala que la función autenticadora es la facultad otorgada por la Ley al Notario para que se reconozca como cierto lo que este asiente en las actas o escrituras públicas que redacte, salvo prueba en contrario.

Determina que la función de dar autenticidad debe ser de forma personal, conduciéndose de manera imparcial y con prudencia jurídica. El concepto "prudencia", nos indica el diccionario de la Real Academia Española (RAE), que es: "la primera virtud cardinal, que consiste en distinguir lo bueno de lo malo", así que este artículo ordena al notario conducirse distinguiendo lo que más conviene en cada caso.

En su siguiente párrafo define la función notarial como el conjunto de actividades que el notario realiza conforme a las disposiciones de esta ley para garantizar el buen desempeño y la seguridad jurídica en el ejercicio de su función otorgadora de autenticidad. La función a la que se refiere la califica como de "naturaleza compleja"; es decir, reúne actividades diversas que implican la reunión de un conjunto de conocimientos, y función pública en cuanto proviene de los poderes del Estado y de la ley.

Esto conforma un reconocimiento público de la actividad profesional del notario y de su documentación al servicio de la sociedad, además de que dicha actividad es autónoma y libre, confiriendo a esta actuación, la fe pública.

Los artículos 27 y 28 señalan las atribuciones y deberes de las autoridades con respecto de la actividad notarial.

El artículo 33, con 11 fracciones, señala las funciones donde el notario sí puede actuar, destacando las siguientes: cargos académicos, director de alguna institución académica, así como de alguna beneficencia pública o privada, y puestos que desempeñe de manera gratuita a personas morales sin fines lucrativos. También puede representar a su cónyuge, ascendientes o descendientes por consanguineidad y hermanos; ser tutor, curador, albacea, comisario o miembro del consejo de administración de sociedades o asociaciones; puede también resolver consultas jurídicas, ser consultor jurídico extranjero. Las fracciones VI, VII y VIII, establecieron:

> VI.— Ser árbitro o secretario en juicio arbitral;
>
> VII.— Ser mediador jurídico;
>
> VIII.— Ser mediador o conciliador;

Asimismo, aconsejar en cuanto a procedimientos judiciales o administrativos para obtener registros de escrituras, intervenir y representar en los procedimientos judiciales en que no haya contienda, en trámites y procedimientos administrativos y en actividades que no causen conflicto ni afecten su capacidad de dar fe pública y asesoría imparcial.

El artículo 42 define al notario:

> Artículo 42.— Notario es el profesional del Derecho investido de fe pública por el estado, y que tiene a su cargo recibir, interpretar, redactar y dar forma legal a la voluntad de las personas que ante él acuden, y conferir autenticidad y certeza jurídicas a los actos y hechos pasados ante su fe, mediante la consignación de los mismos en instrumentos públicos de su autoría.
>
> El notario conserva los instrumentos en el protocolo a su cargo, los reproduce y da fe de ellos. Actúa también como auxiliar de la administración de justicia, como consejero, árbitro o asesor internacional, en los términos que señalen las disposiciones legales relativas.

Esta definición abarca no solo la actividad a desarrollar por el notario, sino que también incluye los instrumentos a su cargo, ampliando así su definición con respecto a las de las leyes anteriores. Indica que el notario es auxiliar en la administración de justicia, consejero, arbitro.

El artículo 166, ordena:

> Artículo 166.— En los términos de esta ley se consideran asuntos susceptibles de conformación por el Notario mediante el ejercicio de su fe pública, en términos de esta Ley:
>
> I.— Todos aquellos actos en los que haya o no controversia judicial, los interesados le soliciten haga constar bajo su fe y asesoría los acuerdos, hechos o situaciones de que se trate.
>
> II.— Todos aquellos en los que exista o no controversia judicial, lleguen los interesados voluntariamente a un acuerdo sobre uno o varios puntos del asunto o sobre su totalidad, y se encuentren conformes en que el notario haga constar bajo su fe y con su asesoría los acuerdos, hechos o situaciones de que se trate, siempre que se haya solicitado su intervención mediante rogación.
>
> III.— Todos aquellos asuntos que en términos del Código de Procedimientos Civiles conozcan los jueces en vía de jurisdicción voluntaria en los cuales el notario podrá intervenir en tanto no hubiere menores no emancipados o mayores incapacitados. En forma específica, ejemplificativa y no taxativa, en términos de este capítulo y de esta ley:
>
> a) En las sucesiones en términos del párrafo anterior y de la sección segunda de este capítulo.

> b) En la celebración y modificación de capitulaciones matrimoniales, disolución y liquidación de sociedad conyugal.
>
> c) En las informaciones ad perpetuam, apeos y deslindes y demás diligencias, excepto las informaciones de dominio.

Debemos destacar que, en la actividad diaria del notario, este participa en la solución de conflictos que la ley denominó "controversia judicial"; consideramos que es la esencia de la jurisdicción voluntaria notarial.

En el artículo 249 se indica que el Colegio coadyuvará para obtener una ordenada y adecuada función notarial, para lo cual tendrá las facultades y atribuciones que se señalan en 35 fracciones, de las cuales la XXXIV se reformó el 31 de marzo de 2011. En éstas vamos a observar que el Colegio vigila, organiza, colabora, estudia, representa, interviene, organiza, formula, propone, impulsa, establece, fomenta y promueve. Todas estas acciones estaban dirigidas a mejorar la función notarial para el entonces Distrito Federal.

> Artículo 249. [...]
>
> [...]
>
> XXV.— Intervenir como mediador y conciliador, sobre la actividad de los agremiados, en caso de conflictos de éstos con terceros y rendir opinión a las autoridades competentes;
>
> XXVI.— Actuar como administrador de arbitraje, árbitro, conciliador y mediador para la solución de controversias entre particulares; para tal efecto podrá designar, de entre sus agremiados, a quienes realicen tales funciones.

La actual Ley del Notariado para la Ciudad de México (2018) está redactada prácticamente en los mismos términos que la anterior, con diferente numeración (artículo 34).

Como hemos descrito, la actividad notarial confiere la certeza legal que se requiere para proteger los derechos de las personas que asisten ante el propio notario.

En las conclusiones adoptadas en la XIV Jornada Notarial Iberoamericana, celebrada en Punta Cana, República Dominicana, del 2 al 6 de junio de 2010, en el tema III denominado "La competencia notarial en asuntos no contenciosos", dice:

> Que el título de este tema evoca dos cuestiones fundamentales: por un lado, la permanente reivindicación del notariado reclamando el reconocimiento de competencias para el desarrollo de actuaciones que tradicionalmente se engloban bajo el título de Jurisdicción Voluntaria; y por otro, la extraordinaria complejidad de esta materia que se manifiesta, incluso, en su propia denominación.
>
> [...]
>
> Sin embargo, esta constante aspiración de competencia notarial en asuntos judiciales no contenciosos, no está exenta de voces críticas (a veces también internas) que sostienen que tales atribuciones competenciales, no son compatibles con la función notarial. En realidad, muchas de estas opiniones obedecen a recelos dogmáticos o resabios derivados del desconocimiento de nuestra función, cuando no a la incapacidad para deslindar los límites de la función jurisdiccional.
>
> [...]
>
> Lo que realmente interesa es saber enmarcar el cauce por el que ha de correr la atribución de competencias en esta materia al Notariado, a saber: los principios constitucionales y los de la propia naturaleza de la función notarial; sin perjuicio, además de ponderar las razones de oportunidad para asignar al Notariado cada una de las actuaciones de la Jurisdicción Voluntaria valorando el beneficio que en cada caso concreto pueda reportar a la sociedad.[25]

Recordemos de Tomas Hobbes, de su libro *Leviatan o la materia, forma y poder de una república eclesiástica y civil*, lo que nos dice respecto de la seguridad de los derechos:

> Porque nada se rompe tan fácilmente como la palabra de un ser humano.
>
> Se abandona un derecho bien sea por simple renunciación o por transferencia a otra persona, por simple renunciación cuando el cedente no se preocupa de la persona beneficiada por su renuncia. Por transferencia cuando desea que el bene-

---

25 Narciso P. Lomelí Enríquez. La competencia notarial en asuntos no contenciosos. *Revista de Derecho Notarial Mexicano*, núm. 123 (2010). http://historico.juridicas.unam.mx/publica/librev/rev/dernotmx/cont/123/pr/pr12.pdf

> ficio recaiga en una o varias personas determinadas. Cuando una persona ha abandonado o transferido su derecho por cualquiera de estas dos maneras, se dice que está obligado o ligado a no impedir el beneficio resultante a aquel a quien se concede.
>
> El procedimiento mediante el cual alguien renuncia o transfiere su derecho es una declaración o expresión mediante signo voluntario y suficiente, de que hace esa renuncia o transferencia, o de que ha renunciado o transferido la cosa a quien la acepta. Estos signos son o bien solo palabras o acciones simples o las dos cosas acción y palabra. Unas y otras son los lazos por medio de los cuales los hombres se sujetan y obligan; lazos cuya fuerza no estriba en su propia naturaleza (porque nada se rompe tan fácilmente como la palabra de un ser humano), sino en el temor de alguna mala consecuencia de la ruptura.
>
> Cuando alguien transfiere su derecho, o renuncia a él, lo hace en consideración de cierto derecho que recíprocamente le ha sido transferido o en cambio de algún otro bien que de ello espera.
>
> Se trata, en efecto, de un acto voluntario y el objeto de los actos voluntarios de cualquier hombre implica algún bien para sí mismo.[26]

Como vemos en esta cita, encontramos la descripción de partes fundamentales de la conducta humana, que incumben a la actividad notarial. Esta renuncia o transmisión es uno de los aspectos donde la actividad notarial interviene para dar legitimidad por medio de su capacidad de otorgar forma legal a los actos mencionados por Hobbes.

En el caso del divorcio bilateral, se trata de terminar con el vínculo matrimonial, más no con la familia de los interesados.

---

[26] Thomas Hobbes, *Leviatán, o la materia, forma y poder de una república eclesiástica y civil*, 3.a ed. (México: Fondo de Cultura Económica, 2017), p. 114 y 115.

Capítulo quinto

CÓDIGO DE PROCEDIMIENTOS CIVILES PARA EL DISTRITO FEDERAL

5.1. CÓDIGO DE PROCEDIMIENTOS CIVILES PARA EL DISTRITO FEDERAL

En los códigos de 1872 y 1884 no estaba previsto el divorcio, según lo hemos descrito en capítulos anteriores, fue hasta 1932 que aparece la figura del divorcio por mutuo consentimiento.

El texto original del título décimo primero, que regulaba el citado divorcio en el Código de Procedimientos Civiles para el Distrito Federal de 1932, es el siguiente:

TÍTULO DÉCIMO PRIMERO

Divorcio por mutuo consentimiento

CAPÍTULO ÚNICO

Artículo 674.— Cuando ambos consortes convengan en divorciarse, en los términos del último párrafo del artículo 272 del Código Civil, deberán ocurrir al tribunal competente presentando el convenio que se exige en el artículo 273 del Código citado, así como una copia certificada del acta de matrimonio y de las de nacimiento de los hijos menores.

Artículo 675.— Hecha la solicitud, citará el tribunal a los cónyuges y al representante del Ministerio Público a una junta en la que se identificarán plenamente ante el juez, que se efectuará después de los ocho y antes de los quince días siguientes, y si asistieren los interesados los exhortará para procurar su reconciliación. Si no logra avenirlos, aprobará provisionalmente, oyendo al representante del Ministerio Público, los puntos del convenio relativos a la situación de los hijos menores o incapacitados, a la separación de los cónyuges y a los alimentos de aquéllos y de los que un cónyuge deba dar al otro mientras dure el procedimiento, dictando las medidas necesarias de aseguramiento.

Artículo 676.— Si insistieren los cónyuges en su propósito de divorciarse, citará el tribunal a una segunda junta que se efectuará después de los ocho y antes de los quince días de solicitada; y en ella volverá a exhortar a aquéllos con el propio fin que en el anterior. Si tampoco se lograrà la reconciliación y en el convenio quedaren bien garantizados los derechos de los hijos menores o incapacitados, el tribunal, oyendo el parecer del representante del Ministerio Público sobre este punto, dictará sentencia en que quedará disuelto el vínculo matrimonial, y decidirá sobre el convenio presentado.

Artículo 677.— El cónyuge menor de edad necesita de un tutor especial para poder solicitar el divorcio por mutuo consentimiento.

Artículo 678.— Los cónyuges no pueden hacerse representar por procurador en las juntas a que se refieren los artículos 675 y 676, sino que deben comparecer personalmente y, en su caso, acompañados del tutor especial.

Artículo 679.— En cualquier caso, en que los cónyuges dejaren pasar más de tres meses sin continuar el procedimiento, el tribunal declarará sin efecto la solicitud y mandará archivar el expediente.

Artículo 680.— En caso de que el Ministerio Público se oponga a la aprobación del convenio, por considerar que viola los derechos de los hijos o que no quedan bien garantizados, propondrá las modificaciones que estime procedentes y el tribunal lo hará saber a los cónyuges para que, dentro de los tres días, manifiesten si aceptan las modificaciones.

En caso de que no las acepten, el tribunal resolverá en la sentencia lo que proceda con arreglo a la ley, cuidando de que, en todo caso, queden debidamente garantizados los derechos de los hijos.

Cuando el convenio no fuere de aprobarse, no podrá decretarse la disolución del matrimonio.

Artículo 681.— La sentencia que decrete el divorcio por mutuo consentimiento es apelable en el efecto devolutivo. La que lo niegue es apelable en ambos efectos.

Artículo 682.— Ejecutoriada la sentencia de divorcio, el tribunal mandará remitir copia de ella al Juez del Registro Civil de su jurisdicción, al del lugar en que el matrimonio se efectuó y al de nacimiento de los divorciados para los efectos de los artículos 114, 116 y 291 del Código Civil.

El título transcrito se derogó íntegramente el 4 de octubre de 2008 en virtud de que se reformaron, entre otros, los artículos 267 y 272, y desde esa fecha se implementó el divorcio incausado, por lo que, para armonizar legislativamente el Código de Procedimientos Civiles para la hoy Ciudad de México, el título debe ser del tenor siguiente:

5.2. ARMONIZACIÓN LEGISLATIVA DEL TÍTULO DEL DIVORCIO BILATERAL [27]

TÍTULO DÉCIMO PRIMERO
DEL DIVORCIO BILATERAL
CAPÍTULO ÚNICO

Artículo 674.— Será competente para tramitar la disolución del vínculo matrimonial la autoridad jurisdiccional ubicada en donde se encuentre el último domicilio conyugal, salvo sumisión expresa de ambos cónyuges ante alguna otra autoridad jurisdiccional.

Artículo 675.— El Divorcio Bilateral podrá tramitarse a solicitud de ambos cónyuges ante la autoridad jurisdiccional, **Notaria o Notario Público** o la autoridad del Registro Civil correspondiente de conformidad con las siguientes disposiciones.

Artículo 676.— Ante la autoridad jurisdiccional, a la solicitud deberá acompañarse:

I. Copia certificada, física o electrónica del acta de matrimonio de la unión que se pretenda disolver;

II. En su caso, copia certificada física o electrónica de las actas de nacimiento de las hijas e hijos menores de edad, y

III. Una propuesta de Convenio que contenga:

a) De existir hijos o hijas menores de edad, quien ejercerá su guarda y custodia, la fijación de la pensión alimenticia que les corresponderá y el establecimiento de un régimen de convivencias, así como la pensión alimenticia que, en su caso pudiera corresponder al o la divorciante, y

---

27 Se reproduce el título del divorcio bilateral del Código Nacional de Procedimientos Civiles y Familiares, publicado en el DOF el 7 de junio de 2023.

b) La forma en que deban distribuirse los bienes, derechos y obligaciones que se hayan adquirido durante el matrimonio, de conformidad con el régimen patrimonial al que estuviera sujeto el matrimonio.

En caso de no ser aplicable lo dispuesto en las fracciones anteriores, las partes deberán manifestar lo necesario bajo protesta de decir verdad.

Artículo 677.— Presentada la solicitud y el convenio o manifestación a que alude el artículo anterior, cumplidas en su caso las prevenciones, se le dará vista a la persona Agente del Ministerio Público de la adscripción en caso de afectarse derechos de niñas, niños o adolescentes y la autoridad jurisdiccional admitirá el trámite y citará a los cónyuges, dentro de los diez días siguientes, a una única audiencia.

En la audiencia se procederá a ratificación, revisión y en su caso aprobación del convenio presentado. Aprobado el convenio se declarará visto el asunto y se dictará en ese momento de manera oral la sentencia, la cual en caso de decretar la disolución del vínculo matrimonial será irrecurrible y causará ejecutoria en ese momento por ministerio de ley.

Artículo 678.— En el caso de que alguna de las partes falte a la audiencia, por única ocasión se fijará nueva fecha y hora para el desahogo de la audiencia en un plazo máximo de diez días, en caso de verificarse de nueva cuenta la inasistencia se dará por concluido el trámite.

Artículo 679.— Cuando en el convenio aprobado se haya pactado sobre la donación de inmuebles, la autoridad jurisdiccional de manera oficiosa girará oficio al titular del Registro Público de la Propiedad correspondiente, para que haga la anotación preventiva.

Artículo 680.— En la audiencia se entregará a los cónyuges o a sus representantes el oficio dirigido al Registro Civil que corresponda, para los efectos de la inscripción del divorcio. En dicho oficio quedará inserta la trascripción de los puntos resolutivos del fallo.

Artículo 681.— El Divorcio Bilateral podrá tramitarse ante Notaria o Notario público, siempre y cuando no se hayan procreado hijas o hijos, o que aun sean menores de edad y no existan bienes o deudas atribuibles al patrimonio conyugal, o el Código Civil o leyes de cada Entidad Federativa así lo dispongan.

Artículo 682.— Procede el divorcio ante la autoridad del Registro Civil cuando ambos cónyuges convengan en divorciarse; no tengan bienes o deudas pertenecientes al patrimonio conyugal; no tengan hijos en común o teniéndolos sean mayores de edad, y éstos no requieran alimentos.

La Autoridad del Registro Civil, previa identificación de los cónyuges, y ratificando en el mismo acto la solicitud de divorcio, levantará un acta en que los declarará divorciados y hará la anotación correspondiente en el acta de matrimonio.

Capítulo sexto

REGLAMENTO DEL REGISTRO CIVIL DEL DISTRITO FEDERAL, HOY CIUDAD DE MÉXICO

Encontramos diversos conceptos de reglamento: el reglamento es, conceptualmente, una norma jurídica dictada por un órgano del Ejecutivo; asimismo, es un instrumento de la actividad administrativa. Se dice que necesita de un fundamento legal que lo habilite; según Harmut Maurer:

> El reglamento debe satisfacer ciertos requisitos formales: Competencia. — Que el órgano emisor, sustente su emisión en la propia ley que pretenda regular; Procedimiento. — Que el órgano emisor tenga las facultades para hacerlo; Forma.— Debe emitirse en la forma prevista por la ley y la propia ley debe tener la indicación expresa de su emisión; Publicación. — Debe darse a conocer el reglamento.[28]

En consecuencia, las diferencias existentes entre la ley y el reglamento consisten en su procedimiento de creación y en su jerarquía.

Las leyes por su propia naturaleza no pueden prever todos los supuestos posibles, por lo que su grado de generalidad y abstracción debe ser amplio y omnicomprensivo; los reglamentos en contraste tienden a detallar los supuestos previstos en la ley para que la individualización y aplicación del orden jurídico sea clara y efectiva.

La Real Academia Española dice: "Reglamento. disposición general de categoría inferior a la ley, dictada por el gobierno u otros órganos administrativos habilitados para ello".

---

28 Hartmut Maurer. *Derecho Administrativo alemán* (México: Instituto de Investigaciones Jurídicas-UNAM, 2012), 349.

6.1. DEFINICIÓN DE REGLAMENTO EN EL DICCIONARIO JURÍDICO MEXICANO

> Todo reglamento es una norma que complementa y amplia el contenido de una ley, por lo que jerárquicamente aquél está subordinado a ésta y corre la misma suerte, de tal manera que, si una ley es reformada, derogada o abrogada, el reglamento se verá afectado con las mismas consecuencias, a pesar que no se hubiera derogado o abrogado expresamente por otro reglamento, ya que éste no goza de la autoridad formal de una ley que si requiere que toda modificación sea expresa, satisfaciendo el mismo procedimiento que se haya observado para su creación.[29]

El reglamento es un acto administrativo en tanto que tiende a ejecutar la ley. Por la jerarquía existente en el orden jurídico, los reglamentos están supeditados a la existencia previa de una ley.

6.2. REGLAMENTO DEL REGISTRO CIVIL DEL DISTRITO FEDERAL, HOY CIUDAD DE MÉXICO

6.2.1. Reglamento de 1987

Encontramos el Reglamento del Registro Civil del Distrito Federal, publicado en el DOF de fecha lunes 21 de septiembre de 1987. En relación con el tema que nos ocupa, encontramos el artículo 20, que está comprendido en el capítulo IV del trámite administrativo para la autorización del Estado Civil de las personas, que dice:

> Artículo 20.— Las inscripciones de las ejecutorias que declaren o modifiquen el estado civil, así como la rectificación, modificación y aclaración de las actas del Registro Civil, se sujetarán igualmente a la forma y términos que señale el manual de procedimientos respectivos.

De este reglamento es lo único que encontramos.

---

29 Manuel González Oropeza. "Reglamento". *Diccionario jurídico mexicano* (México: Instituto de Investigaciones Jurídicas-UNAM, 1984), 399.

6.2.2. Reglamento publicado en la Gaceta Oficial del Distrito Federal, el 30 de julio de 2002

En relación con el tema que nos ocupa encontramos lo siguiente:

> **Artículo 13.—** Son atribuciones del titular, en su carácter de Juez Central:
>
> [...]
>
> VI. Autorizar la inscripción de las resoluciones judiciales que declaren [...], el divorcio judicial [...] así como la inscripción de anotaciones derivadas de **instrumentos notariales** o cualquier otra resolución que anule, revoque o modifique el estado civil, siempre y cuando se cumplan las formalidades exigidas por los ordenamientos jurídicos aplicables;
>
> [...]
>
> **Artículo 16.—** Corresponde a los Jueces, desempeñar las funciones públicas del Registro Civil a que se refiere el artículo 35 del Código Civil [...]
>
> Específicamente cuentan con las atribuciones siguientes:
>
> I. Autorizar la inscripción de las resoluciones jurisdiccionales [...] el divorcio judicial [...] así como la inscripción de anotaciones derivadas de **instrumentos notariales** o cualquier otra resolución que anule, revoque o modifique el estado civil, siempre y cuando se cumplan las formalidades exigidas por los ordenamientos jurídicos aplicables;
>
> [...]
>
> **De la Autorización del Estado Civil**
>
> **ARTÍCULO 40.—** Estará a cargo de los jueces, la autorización de las actas del estado civil de las personas relativas [...] el divorcio judicial, [...] así como autorizar la inscripción de anotaciones derivadas de **instrumentos notariales** o cualquier otra resolución que anule, revoque o modifique actos del estado civil, siempre y cuando se cumplan las formalidades exigidas por el Código Civil y por los ordenamientos jurídicos aplicables.
>
> **De las Actas de Divorcio Administrativo**
>
> **Artículo 76.—** Procede el divorcio administrativo, cuando haya transcurrido un año o más de la celebración del matrimonio; ambos cónyuges convengan en divorciarse; sean mayores de edad; hayan liquidado la sociedad conyugal de bienes, si están casados bajo ese régimen patrimonial; la cónyuge no esté embarazada,

no tengan hijos en común, o teniéndolos, sean mayores de edad, y éstos o alguno de los cónyuges no requieran alimentos.

Cuando los interesados no puedan concurrir personalmente, podrán hacerse representar por un mandatario expreso para el acto, otorgado ante notario público, o bien, ratificadas las firmas ante autoridad judicial.

Si se comprueba que los cónyuges no cumplen con los supuestos exigidos, el divorcio así obtenido, no producirá efectos, independientemente de las sanciones previstas en las leyes.

Artículo 77.— Para autorizar el Acta de Divorcio Administrativo, se requiere:

I. Solicitud debidamente requisitada;

II. Copia certificada del acta de matrimonio de reciente expedición;

III. Declaración por escrito, bajo protesta de decir verdad, de no haber procreado hijos durante el matrimonio, o teniéndolos, sean mayores de edad y no sean acreedores alimentarios, comprobando de manera fehaciente dicha circunstancia;

IV. Manifestación expresa y bajo protesta de decir verdad, que la divorciante no está embarazada, o Constancia Médica que acredite que ha sido sometida a intervención quirúrgica que la imposibilite definitivamente para procrear hijos;

V. Comprobante del domicilio declarado por los divorciantes;

VI. Si el matrimonio se contrajo bajo el régimen de sociedad conyugal y durante el matrimonio se adquirieron bienes, derechos, cargas u obligaciones, se debe presentar convenio de liquidación de la sociedad conyugal, efectuado ante autoridad jurisdiccional competente o **Notario Público**. En el caso, de que los solicitantes no hayan obtenido bienes, derechos, cargas u obligaciones susceptibles de liquidación lo manifestarán bajo protesta de decir verdad, bastará con su manifestación firmada y ratificada ante el Juez; y

VII. En su caso, documento público mediante el cual se acredite la personalidad del o los mandatarios.

Artículo78.— El Juez, previa identificación de los cónyuges, levantará un acta en la que hará constar el divorcio, en el mismo acto el Juez los declarará divorciados.

Artículo 79.— Una vez emitida el acta de divorcio, el juez efectuará la anotación respectiva en el acta de matrimonio de éstos.

Si la autorización del acta de divorcio se hiciere en juzgado distinto de aquél en que se levantó el acta de matrimonio, el Juez que declare el divorcio, remitirá copia del acta que autorice al juez u oficial que haya registrado el matrimonio para los efectos antes apuntados.

En su caso se remitirá copia a la Dirección y al Archivo Judicial, para que efectúen la anotación en el acta respectiva.

Artículo 80.— Tratándose de extranjeros, deberán presentar certificación de su legal estancia en el país expedida por la Secretaría de Gobernación, y de que sus condiciones y calidad migratoria les permitan realizar el divorcio administrativo.

Artículo 81.— En el caso de que el matrimonio haya sido celebrado en el extranjero, los divorciantes deberán acompañar, además de los requisitos que prevé el reglamento, el acta de inscripción respectiva.

Artículo 82.— Derogado.

Artículo 83.— Derogado.

CAPÍTULO VIII
DE LAS INSCRIPCIONES

Artículo 103.— Las inscripciones que señalan los artículos 35 y 180 [**Artículo**].

180.— Las capitulaciones matrimoniales se otorgarán antes de la celebración del matrimonio y durante éste. Podrán otorgarse o modificarse durante el matrimonio, ante el Juez de lo Familiar o ante Notario, mediante escritura pública] del Código Civil, así como el numeral 166 [este artículo era el relativo a la Ley del Notariado del 2000, hoy es el 178 de la Ley del Notariado para la Ciudad de México, de 2018] de la Ley del Notariado del Distrito Federal, se tramitarán ante la Dirección, transcribiendo los puntos resolutivos de la sentencia judicial firme o la parte relativa de la escritura pública que los contenga.

6.3. ADICIÓN DEL ARTÍCULO 79 BIS Y REFORMA DEL ARTÍCULO 103

Con el propósito de que se armonice el procedimiento previsto en el reglamento, proponemos la adición del artículo 79 BIS y reforma del artículo 103, para que establezcan:

Artículo 79 BIS.— Una vez declarada la disolución del vínculo matrimonial en términos del divorcio bilateral, el juez efectuará la anotación respectiva en el acta de matrimonio de éstos.

Si la autorización del acta de divorcio se hiciere en juzgado distinto de la ubicación de la oficina del Notario, aquél en que se levantó el acta de matrimonio, el Notario ante quien se declare el divorcio bilateral, remitirá copia del acta que autorice al juez u oficial que haya registrado el matrimonio para los efectos antes apuntados.

En su caso se remitirá copia a la Dirección y al Archivo Judicial, para que efectúen la anotación en el acta respectiva.

CAPÍTULO VIII
DE LAS INSCRIPCIONES

Artículo 103.— Las inscripciones que señalan los artículos 35 y 180 del Código Civil, así como los numerales 178 y 190 Quintus de la Ley del Notariado para la Ciudad de México, se tramitarán ante la Dirección, transcribiendo los puntos resolutivos de la sentencia judicial firme, la declaración del divorcio bilateral o la parte relativa de la escritura pública que los contenga.

Capítulo séptimo

LEY DEL NOTARIADO PARA LA CIUDAD DE MÉXICO

7.1. LEY DEL NOTARIADO PARA LA CIUDAD DE MÉXICO

En este capítulo haremos un análisis del procedimiento del divorcio bilateral y formularemos las propuestas de adiciones y reformas, respectivamente, de la Ley del Notariado para la Ciudad de México a fin de hacer las adecuaciones que resulten necesarias para su implementación.

Hemos dicho que el divorcio bilateral se cumple cuando coinciden las voluntades de las partes interesadas. Igualmente, hemos descrito lo que no nos dice el CNPCyF, pero que está implícito: que este divorcio es de común acuerdo, donde no hay controversia entre los divorciantes; e incluso la procedencia del divorcio bilateral ante notario es que no haya hijos o hijas menores de edad, que no existan bienes o deudas atribuibles al patrimonio conyugal, es decir que no exista confrontación, y no existan terceros que puedan ser trastocados sus derechos.

Hemos dicho que no desconocemos que el CNPCyF regula en otros capítulos la propia jurisdicción voluntaria, pero tampoco podemos desconocer que en el divorcio bilateral estamos en presencia de dicha figura; asimismo, relatamos las conclusiones adoptadas en la XIV Jornada Notarial Iberoamericana, celebrada en Punta Cana, República Dominicana, del 2 al 6 de junio de 2010. A continuación, reproducimos parcialmente el tema III, titulado "La competencia notarial en asuntos no contenciosos":

> Sin embargo, esta constante aspiración de competencia notarial en asuntos judiciales no contenciosos, no está exenta de voces críticas (a veces también internas) que sostienen que tales

> atribuciones competenciales, no son compatibles con la función notarial. En realidad, muchas de estas opiniones obedecen a recelos dogmáticos o resabios derivados del desconocimiento de nuestra función, cuando no a la incapacidad para deslindar los límites de la función jurisdiccional.[30]

En el sentido de que hay ciertas atribuciones competenciales que no son compatibles con la función notarial, he escuchado en algunas pláticas de expositores que tratan el tema del divorcio bilateral, que el procedimiento está en el libro cuarto del Código: "De la justicia familiar", y que el procedimiento es un juicio especial; que incluso la intervención del notario rompe con el orden público. A propósito de este, la Ley del Notariado de 2018, en su artículo 1. ° establece: "La presente Ley es de orden e interés público y tiene por objeto regular la función Notarial y al Notariado en la Ciudad de México". Téngase presente que cuando las leyes tienen carácter de orden e interés público, son irrenunciables.

El doctor Jorge Alfredo Domínguez Martínez, en la obra *Cien años de derecho civil en México 1910-2010*, en su artículo "Orden público y autonomía de la voluntad", nos dice:

> Concepto de Orden Público. Por orden público entendemos el conjunto de principios, normas y disposiciones legales en que se apoya el régimen jurídico para preservar los bienes y valores que requieren de su tutela, por corresponder éstos a los intereses generales de la sociedad, mediante la limitación de la autonomía de la voluntad, y hacer así prevalecer dichos intereses sobre los de los particulares.[31]

Como señalé, en conferencias se dice que el divorcio bilateral es una institución de derecho de familia y el notario no está llamado para ello; al respecto me refiero al ensayo del licencia-

---

30 Lomelí Enríquez. La competencia notarial, (p)

31 Jorge Alfredo Domínguez Martínez, "Orden público y autonomía de la voluntad" en *Cien años de Derecho Civil en México 1910-2010. Conferencias en homenaje a la Universidad Nacional Autónoma de México*, coord. José Antonio Sánchez Barroso (México: Colegio de Profesores de Derecho Civil, Facultad de Derecho-UNAM, 2011), p. 83.

do Brandon Antonio Esparza Estrada, titulado "Divorcio ante notario en términos del Código Nacional de Procedimientos Civiles y Familiares".[32]

De dicho ensayo cito lo siguiente:

> Como una idea que intenta sintetizar lo hasta aquí expuesto, se puede decir que el notario interviene en "la rama del derecho privado que tiene por objeto regular los atributos de las personas físicas y morales y organizar jurídicamente a la familia y al patrimonio, determinando las relaciones de orden económico entre los particulares, que no tengan contenido mercantil, agrario u obrero".
>
> Sin embargo, la función del notario no sólo se limita a esto, sino que también se extiende hacia el derecho familiar, el cual puede ser entendido como:
>
> "Conjunto de principios y valores procedentes de la Constitución, de los tratados internacionales, así como de las leyes e interpretaciones jurisprudenciales, dirigidos a proteger la estabilidad de la familia y a regular la conducta de los integrantes del grupo familiar entre sí, y también a delimitar las relaciones conyugales y de parentesco, conformadas por un sistema especial de protección de derechos y obligaciones respecto de menores, incapacitados, mujeres y adultos mayores, de bienes materiales e inmateriales, poderes, facultades y deberes entre padres e hijos, consortes y parientes, cuya observancia alcanza el rango de orden público e interés social".[33]
>
> Este tema no es menos importante ya que debemos considerar que "La familia es una institución social, permanente, compuesta por un conjunto de personas unidas por el vínculo jurídico del matrimonio o por el estado jurídico del concubinato; por el parentesco de consanguinidad, adopción o afinidad y

---

32 Brandon Antonio Esparza Estrada. *Programa Único de Especializaciones en Derecho*, (México: Facultad de Derecho-UNAM, 2024), p. 8 y 9.

33 Incidente de suspensión (revisión) 356/2010, Quinto Tribunal Colegiado en materia Civil del Primer Circuito, 9 de diciembre de 2010. Unanimidad de votos, ponente: María Soledad Hernández Ruiz de Mosqueda. Derivado de este asunto véase Semanario Judicial de la Federación y su Gaceta, novena época, t. XXXIII, marzo de 2011, p. 2133, tesis I.5o.C. J/11; IUS: 162604.

> se reconoce a la familia como el fundamento primordial de la sociedad y del Estado".[34]
>
> Una de las cuestiones cruciales para el funcionamiento de la familia moderna en todos los países, es el del adecuado equilibrio entre el aspecto público y privado en la regulación de las relaciones familiares.
>
> En función de tal respuesta, pueden deducirse las correspondientes prioridades legislativas y prácticas: en los países donde la familia es principalmente un asunto privado entre los integrantes, se constata una contra actualización inherente a las relaciones familiares, en la medida que el acuerdo de voluntades proviene de la fuente principal de su reglamentación.
>
> Por el contrario, donde la familia es además una institución pública dotada de importantes funciones sociales (procreación y educación de los miembros de la unidad familiar) corresponde al derecho positivo la función de crear normas y mecanismos fundamentales sobre la vida en pareja.
>
> El rol del notario se diferencia de manera significativa en cada uno de estos modelos: en el primero se trata de una cuestión puramente normativa, en el segundo regula la aplicación de las normas de interés general.

Antes de abordar con nuestras propuestas, recordemos lo que contienen los artículos transitorios del CNPCyF; son estas disposiciones nuestro fundamento para buscar la armonización legislativa que se propone:

> **Artículo Primero.** El presente Decreto entrará en vigor al día siguiente de su publicación en el Diario Oficial de la Federación.
>
> **Artículo Segundo.** La aplicación de lo dispuesto en el Código Nacional de Procedimientos Civiles y Familiares previsto en el presente Decreto entrará en vigor gradualmente, como sigue: en el Orden Federal, de conformidad con la **Declaratoria que indistinta y sucesivamente realicen las Cámaras de Diputados y Senadores que integran el Congreso de la Unión**, previa solicitud del Poder Judicial de la Federación, sin que la misma pueda exceder del 1° de abril de 2027.

---

34 Ley para la familia del Estado de Hidalgo, http://mxscjnbiblio.scjn.pjf.gob.mx/ArchivosLEstatal/HIDALGO/55053003.doc consultado el 30 de diciembre de 2023.

En el caso de las Entidades Federativas, el presente Código Nacional, entrará en vigor en cada una de éstas de conformidad con la Declaratoria que al efecto emita el Congreso Local, previa solicitud del Poder Judicial del Estado correspondiente, sin que la misma pueda exceder del 1° de abril de 2027.

La Declaratoria que al efecto se expida, deberá **señalar expresamente la fecha en la que entrará en vigor el Código Nacional de Procedimientos Civiles y Familiares,** y será publicada en el Diario Oficial de la Federación y en los Periódicos o Gacetas Oficiales del Estado, según corresponda.

Entre la Declaratoria a que se hace referencia en los párrafos anteriores, y la entrada en vigor del presente Código Nacional de Procedimientos Civiles y Familiares, deberán mediar máximo 120 días naturales. En todos los casos, vencido el plazo, sin que se hubiera emitido la Declaratoria respectiva, la entrada en vigor será automática en todo el territorio nacional sin que la misma pueda exceder el día 1° de abril de 2027.

[...]

Artículo Séptimo. La Secretaría de Gobernación, **sesenta días hábiles posteriores a la publicación de este Decreto, creará y presidirá, una Comisión para la Coordinación del Sistema de Justicia previsto en el presente Decreto,**

[...]

La Comisión tendrá por objeto analizar y acordar las políticas de coordinación necesarias para la instrumentación del Código Nacional de Procedimientos Civiles y Familiares, así como la armonización legislativa que apareja, en todo el territorio nacional. [...]

Creemos que las anteriores consideraciones y propuestas deben ser actos del notario a través de la jurisdicción voluntaria, que analizamos.

7.2. PROPUESTA DE REFORMAS Y ADICIONES DE LA LEY DEL NOTARIADO PARA LA CIUDAD DE MÉXICO 2018

DIVORCIO BILATERAL

Artículo 34. El Notario sí podrá:

[...]

XIII.— Intervenir en la celebración del Divorcios Bilateral, en términos de la presente Ley, el Código Civil para el Distrito Federal, y el **Código Nacional de Procedimientos Civiles y Familiares,** en tanto no haya hijas o hijos menores de edad y no existan bienes o deudas atribuibles al patrimonio conyugal.

Artículo 103.— El Notario redactará las escrituras en español, sin perjuicio de que pueda asentar palabras en otro idioma, que sean generalmente usadas como términos de ciencia o arte determinados, y observará las reglas siguientes:

[...]

XVIII BIS.— En el caso de la celebración ante el notario de divorcio bilateral, se observará adicionalmente lo previsto en el Código Civil para el Distrito Federal y el **Código Nacional de Procedimientos Civiles y Familiares.**

XVIII TER.— En el caso del procedimiento del divorcio bilateral, observará el procedimiento descrito en la presente Ley y su Reglamento.

[...]

Artículo 124 BIS.— Siempre que ante un notario se celebre divorcio bilateral, éste dará aviso al Juez del Registro Civil, dentro de los cinco días hábiles siguientes y remitirá dentro de dicho plazo la copia certificada del acta levantada para que se haga la anotación respectiva en el acta de matrimonio de los divorciantes en términos del artículo 116 del Código Civil para el Distrito Federal.

DE LA COMPETENCIA PARA REALIZAR FUNCIONES NOTARIALES EN ASUNTOS EXTRAJUDICIALES, DE LA TRAMITACIÓN SUCESORIA, "Y DE DIVORCIO BILATERAL" ANTE NOTARIO

SECCIÓN PRIMERA

DISPOSICIONES GENERALES

Artículo 178. En los términos de esta Ley se consideran asuntos susceptibles de conformación por el Notario mediante el ejercicio de su fe pública:

[...]

IV.— Todos aquellos relativos al divorcio bilateral en tanto no hubiere hijas o hijos menores de edad y no existan bienes o deudas atribuibles al patrimonio conyugal, que los interesados voluntariamente se sometan, para disolver su matrimonio y firmar el instrumento en que el Notario haga constar bajo su fe y con su asesoría dicha disolución, siempre que se haya solicitado su intervención mediante rogación.

[...]

ADICIÓN

SECCIÓN TERCERA
NORMAS NOTARIALES DE TRAMITACIÓN DE PROCEDIMIENTO DE MEDIACIÓN [35] Y DEL DIVORCIO BILATERAL

Artículo 190 BIS. El procedimiento de mediación se llevará a cabo en los términos siguientes:

El Notario, deberá:

I. Orientar, asesorar y explicar a las personas interesadas sobre las ventajas, principios y características de la mediación, para valorar si la controversia que se plantea es susceptible de ser solucionada mediante este procedimiento o, en caso contrario, sugerir las instancias pertinentes;

II. Efectuar en forma clara, ordenada, transparente, responsable y de buena fe las actuaciones que impone la mediación siguiendo sus principios rectores;

III. Conducir la mediación con flexibilidad, respondiendo a las necesidades de los mediados, de manera que, al propiciar una buena comunicación y comprensión entre ellos, se facilite la construcción de acuerdos;

IV. Cuidar que los mediados participen de manera libre y voluntaria, exentos de coacciones o de influencia alguna;

V. Conducir la mediación estimulando la creatividad de los mediadores durante la construcción de acuerdos;

VI. Explicar las consecuencias legales del procedimiento de mediación;

VII. Suscribir el escrito de autonomía;

VIII. Celebrar el convenio de confidencialidad con los mediados;

---

35 Estimado lector, la adición propuesta respecto de la mediación es con el objeto de unificar los trabajos del suscrito denominados "El notario como mediador" y "El divorcio ante notario".

IX. Solicitar el consentimiento de los mediados para la participación de co mediadores, peritos u otros especialistas externos a la mediación, cuando resulte evidente que por las características del conflicto se requiere su intervención.

Artículo 190 TER.— El Notario procederá a la elaboración del Convenio en el que se pacten los acuerdos a los que llegaron voluntariamente los mediados y que da fin a la controversia de algún conflicto o conflictos, en beneficio de los propios mediados, el cual será firmado por los interesados.

Artículo 190 QUATER.— El convenio celebrado entre los mediados ante la fe pública del notario, será válido y exigible en sus términos y dicho pacto tendrá fuerza de cosa juzgada.

Artículo 190 QUINQUIES.— El Notario dará un aviso de la firma del Convenio a que se refiere el artículo anterior al Colegio y al Centro de Justicia Alternativa del Tribunal Superior de Justicia del Distrito Federal.

Artículo 190 SEXIES.— El procedimiento de divorcio bilateral, se llevará a cabo en los términos siguientes:

El Notario, deberá:

I. Orientar, asesorar y explicar a las personas interesadas el valor y consecuencias del divorcio bilateral y la disolución del vínculo matrimonial.

II. Efectuar en forma clara, ordenada, transparente, responsable y de buena fe las actuaciones que impone el divorcio bilateral;

III. Cuidar que los interesados participen de manera libre y voluntaria, exentos de coacciones o de influencia alguna;

Artículo 190 SEPTIES.— El Notario procederá a la elaboración del instrumento que contenga el divorcio bilateral, el cual será firmado y se declarará la disolución del vínculo matrimonio.

Artículo 190 OCTIES. La declaratoria de la disolución del vínculo matrimonial tendrá los efectos a que se refiere el segundo párrafo del Artículo 657 del Código Nacional de Procedimientos Civiles y Familiares.

Artículo 190 NONIES.— El Notario dará un aviso a la Oficina del Registro Civil donde se llevó a cabo el matrimonio que se disuelve, para que se tome nota de dicha disolución.

Con todo lo analizado, comentado y sugerido, consideramos que se cumple con la armonización legislativa para que con la intervención del notario se lleve a cabo el divorcio bilateral; desde luego, siempre podrán ser perfeccionados la armonización y el trámite debido a la experiencia en esta nueva actividad notarial.

BIBLIOGRAFÍA

Alcalá-Zamora, Niceto. Premisas para determinar la índole de la llamada jurisdicción voluntaria. Este estudio forma parte del libro denominado "Estudi in onore di Enrico Redenti nel XL anno del suo insegnamento. Volume Primo Miliano, 1951.https://catalogo.biblio.unc.edu.ar/ Record/derecho.36268

Borja Soriano, Manuel. "El notario de México y la jurisdicción voluntaria". *Revista del Derecho Notarial Mexicano,* núm. 5 (1957):.

Carnelutti, Francesco. *Lezioni di diritto processuale civile.* Vol. II, Padova, 1930.

Caravantes, José de Vicente. *Tratado histórico, crítico, filosófico de los procedimientos judiciales en materia civil, según la nueva ley de enjuiciamiento.* T. IV, libro cuarto, 523-524. Madrid, 1858.

Correa Rojo Carlos, *Código Civil 1870.* Ed. facsimilar. Ciudad de México: Notaría Pública 232, 2017.

Cruz Barney, Óscar, "Anexo 1", *Derecho privado y Revolución Mexicana.* México: Instituto de Investigaciones Jurídicas Universidad Nacional Autónoma de México, núm. 281, 2016.

Domínguez Martínez, Jorge Alfredo. "Orden público y autonomía de la voluntad". *Cien años de derecho civil en México 1910-2010. Conferencias en homenaje a la Universidad Nacional Autónoma de México.* Coord. José Antonio Sánchez Barroso. México: Colegio de Profesores de Derecho Civil, Facultad de Derecho-UNAM, 2011.

Dublán, Manuel y Lozano, José María. *Legislación mexicana o colección completa de las disposiciones legislativas, expedidas desde la independencia de la República* (ed. oficial), México: Imprenta del Comercio de Dublán y Chávez, a cargo de M. Lara, tt. V y VIII, 1877.

Duguit, León. *Las transformaciones generales del derecho privado desde el Código de Napoleón.* México: Ediciones Coyoacán, 2007.

Enciso, Conteras José. "El proyecto de Código Civil presentado al segundo Congreso Constitucional del estado libre de Zacatecas, 1829", en *Revista Mexicana de Historia del Derecho*, vol. XXIII, segunda época, Instituto de Investigaciones Jurídicas-UNAM, enero-junio de 2011.

Esparza Estrada, Brandon Antonio, *Programa Único de Especializaciones en Derecho*, México: Facultad de Derecho-UNAM, 2024.

Hegel, Guillermo Federico. *Filosofía del derecho*. Buenos Aires: Editorial Claridad, 1968.

Hobbes, Thomas: *Leviatán, o la materia, forma y poder de una república eclesiástica y civil*. 3.ª ed. México: Fondo de Cultura Económica, 2017.

Incidente de suspensión (revisión) 356/2010, Quinto Tribunal Colegiado en materia Civil del Primer Circuito, 9 de diciembre de 2010. Unanimidad de votos, ponente: María Soledad Hernández Ruiz de Mosqueda. Derivado de este asunto véase Semanario Judicial de la Federación y su Gaceta, novena época, t. XXXIII, marzo de 2011, p. 2133, tesis I.5o.C. J/11; IUS: 162604.

Maldonado, Adolfo, *Derecho procesal civil*, México: Antigua Librería Robredo, 1947.

Mateos Alarcón, Manuel. *Estudios sobre el Código Civil del Distrito Federal*. T. III. México: Imprenta de Irineo Paz, 1892.

Mateos Alarcón, Manuel. *Estudios sobre el Código Civil del Distrito Federal*, T. V. México: Imprenta de Díaz de León, 1896.

Platón. *La República*. México: Porrúa, 2015.

Rocco, Hugo. *Derecho procesal civil*. Trad. Felipe de J. Tena. México, 1939.

Secretaría de Cultura. Biblioteca de México. *Primera Jefatura del Ejercito Constitucionalista. Decretos*. Consultada el 6 de noviembre 2019. https://dgb.cultura.gob.mx/libros/dgb/84244_1.pdf

Secretaría de Gobernación. *Recopilación de leyes y decretos expedidos en el año de 1916 bajo el régimen preconstitucional de la primera jefatura del Ejército Constitucionalista*. México: Secretaría de Educación Pública-Talleres Gráficos de la Nación, 1922.

Tafoya Hernández, José Guadalupe. "Interpretación de los contratos en el Código Civil para el Distrito Federal". *Revista del Instituto de la Judicatura Federal*, núm. 8 (2001).

Verdugo, A. *Revisión del Proyecto de Código Civil Mexicano del Dr. Don Justo Sierra, durante los años 1861 a 1866*, T. I, México: Talleres de la Librería Religiosa.

Villoro, Luis. "Hobbes y el modelo de convenio utilitario". *DIÁNOIA. Revista de Filosofía* 39, núm. 39, (1993): 209–225. México: Instituto de Investigaciones Filosóficas-UNAM. Recuperado de: https://repositorio.unam.mx/contenidos/4116112

Códigos

Código Napoleón, con las variaciones adoptadas por el cuerpo legislativo, el día 4 de septiembre de 1807. Madrid: Imprenta de la Hija de Ibarra, 1809.

Exposición de los cuatro libros del Código Civil del Distrito Federal y Territorio de la Baja California, que hizo la Comisión al presentar el proyecto al Gobierno de la Unión. México: Imprenta de E. Ancona y M. Peniche, 1871.

Código Civil del Distrito Federal y Territorios de Tepic y Baja California, promulgado en 31 de marzo de 1884. Edición anotada, concordada y puesta al día por el Lic. Antonio de J. Lozano, Notario público. México: Librería de la Vda. de Ch. Bouret, 1902.

Código Civil para el Distrito y Territorios Federales en Materia Común, y para toda la República en Materia Federal, DOF, Sección Tercera, Secretaría de Gobernación, México, D.F. 1928. Publicado en cuatro secciones: 1.ª, el sábado 26 de mayo de 1928 de los artículos 1.º al 722; la 2.ª, el sábado 14 de julio, de los artículos del 723 al 1280; la 3.ª, el viernes 3 de agosto, de los artículos del 1281 al 1791; y la 4ª, el viernes 31 de agosto, de los artículos del 1792 al 3044, además de 9 transitorios.

Código de Procedimientos Civiles para el Distrito Federal y Territorios, publicado en el DOF, de fechas 1 a 3, 5 a 10, 12 a 15, y 19 a 21 de septiembre de 1932.

Código Nacional de Procedimientos Civiles y Familiares, publicado en el DOF el miércoles 7 de junio de 2023.

Leyes

Ley de Matrimonio Civil.

La ley puede ser consultada en la obra: Dublán, Manuel y José María Lozano. *Legislación mexicana o colección completa de las disposiciones legislativas, expedidas desde la independencia de la República.* Edición oficial. México: Imprenta del Comercio de Dublán y Chávez, 1877.

Ley del Notariado para el Distrito y Territorios Federales, publicada en el DOF, el miércoles 18 de diciembre de 1901.

Ley del Notariado para el Distrito y Territorios Federales, publicada en el DOF, el viernes 29 de enero de 1932.

Ley del Notariado para el Distrito Federal y Territorios, publicada en el DOF, el 23 de febrero de 1946.

Ley del Notariado para el Distrito Federal, publicada en el DOF, el 8 de enero de 1980.

Ley del Notariado para el Distrito Federal, publicada en la Gaceta Oficial del Distrito Federal, el 28 de marzo del 2000.

Ley del Notariado para la Ciudad de México, publicada en la Gaceta Oficial de la Ciudad de México el 11 de junio de 2018, reformada el 8 de junio de 2020 y el 4 de agosto de 2021, a la fecha de este trabajo.

Ley para la familia del Estado de Hidalgo, http://mxscjnbiblio.scjn.pjf.gob.mx/Archivoslestatal/HIDALGO/55053003.doc consultado el 30 de diciembre de 2023.

Ley sobre el Registro del Estado Civil en el Imperio.

Puede ser consultada en el *Boletín de las leyes del imperio mexicano: Comprende las leyes, decretos y reglamentos generales, números 1 al 176, expedidos por el emperador Maximiliano desde el 1.° de julio hasta el 31 de diciembre de 1865*. Primera parte, t. II. México: Imprenta de Andrade y Escalante, 1866.

Reglamentos

Reglamento del Registro Civil del Distrito Federal, publicado en el DOF, de fecha lunes 21 de septiembre de 1987.

Reglamento del Registro Civil del Distrito Federal, publicado en la Gaceta Oficial del Distrito Federal el 30 de julio de 2002.

Circulares

Circular del Ministerio de Justicia.

La circular fue tomada de la obra: Dublán, Manuel y José María Lozano. *Legislación Mexicana o colección completa de las disposiciones legislativas, expedidas desde la independencia de la República*. Edición oficial. México: Imprenta del Comercio de Dublán y Chávez, 1877.

Páginas de internet

http://historico.juridicas.unam.mx/publica/librev/rev/dernotmx/cont/123/pr/pr12.pdf